UĞUR KOŞAR

YÜZLEŞME

DESTEK
yayınları

DESTEK YAYINLARI: 381
TASAVVUF: 10

YÜZLEŞME / UĞUR KOŞAR

Genel Yayın Yönetmeni: Ertürk Akşun
Editör: Aslı Bahşi
Kapak Tasarım: İlknur Muştu
Sayfa Düzeni: Cansu Poroy

Destek Yayınları: Ekim 2013
2.Baskı: Ekim 2013
3.Baskı: Aralık 2013
4.Baskı: Ocak 2014
Yayıncı Sertifika No: 13226

ISBN 978-605-4771-81-3

İnönü Cad. 33/4 Gümüşsuyu Beyoğlu / İstanbul
Tel:(0212) 252 22 42
Fax:(0212) 252 22 43
www.destekyayinlari.com
info@destekyayinlari.com
facebook.com/ DestekYayinevi
twitter.com/destekyayinlari

İnkılap Kitabevi Baskı Tesisleri
Matbaa Sertifika No: 10614
Çobançeşme Mah. Altay Sk. No: 8
Yenibosna – Bahçelievler / İstanbul
Tel: (0212) 496 11 11

UĞUR KOŞAR

YÜZLEŞME

Onunla karşılaştıktan sonra özümü bulmaya başladım

DESTEK
yayınları

Bu kitap Mucize Varlık'a ithafımdır!..

Kaybedecek hiçbir şeyin yok!

Bu satırları okumadan önce belki düşünceliydin; çaresiz, belki hüzünlü, belki de karamsardın ya da çok mutlu. Az önce belirttiğim olumlu ya da olumsuz duygular içindeysen okumaya devam et, çünkü her ne durumda olursan ol bu geçecektir!

Okudukça bildiğin, fakat çoğu zaman farkında olmadığın bazı gerçeklerle yüzleşeceksin. Belki biraz canın yanacak, fakat emin ol ki Bilge Varlık'ın da söyleyeceği gibi, gerçeklerin yaktığı can baldan tatlıdır.

Senden başka bir sen daha olmadığını biliyorsun. Bu dünyaya Yaradan tarafından özel olarak seçildiğinin bilincindesin ve şimdi bunu farkındalığa dönüştürerek sonsuz bir enerjiyi kucaklamanın zamanı geldi.

Çoğu zaman yaşama isyanların oldu "Ben ne kadar da şanssız bir insanım" diye. Oysa sen doğuştan şanslıydın, çünkü Yaradan seni kendi ruhundan üfleyerek bu dünyaya gönderdi ve sen O'nun ruhundan bir parça taşımaktasın. İçinde yaratıcının eşsiz ruhu var ve bunu aldığın her solukta duyumsadığın sürece O'nun mucizelerine tanık olacaksın.

Eğer sana verilen bu şansı göremiyor ve kullanamıyorsan sadece kendi içinde ara suçu. Yaşamı değil, kendi inanç ve kararlılığını sorgula! Kendini suçlamaktan asla korkma, çünkü ancak o zaman kendi varlığındaki güzelliklere uzanabilirsin. Ben cesurları severim, yaşam da öyle...

Sen farkında olmadan bir şekilde hep çözümler ürettin sorunlarına, gerçek bir sorun çözücüsün aslında, şimdi bunu farkındalığa dönüştürme zamanı geldi. Şunu asla unutma:

Kendini üzmeyi başarabilen bir insan, kendini mutlu etmeyi de başarabilir. Aslında mutsuz insan yoktur, sadece mutlu olacağına inanmayan insanlar vardır.

Unutma ki sen olduğun için yaşam vardır, sen yoksan yaşam da yoktur!

Sürekli olumsuz düşünen bir adam vardı ve her defasında düşündükleri başına gelirdi.

Arkadaşları onu her olumsuzluğa kapıldığında zorla kolundan tutarak Yas ustasının yanına getirirlerdi ve o gün yine ustanın yanında almışlardı soluğu...

Adam, ustaya her defasında olduğu gibi inançsız bir şekilde sordu:

"Her olumsuz durumuma bir olumlama yapıştırıyorsun, fakat bu sefer durum daha acı. Bak ayaklarım kırıldı, hem de ikisi birden, şimdi buna ne diyeceksin?"

Usta gülümsedi ve şöyle dedi:

"Bunun için üzülmene gerek yok, belki Tanrı sana kanat verecektir!"

Ve şimşek çaktı...

Bildiğin "sen"in ötesine bak! Düşüncelerinin ötesine...

Sınırlarını aş! Orada bir mucize var. Seni bekleyen bir mucize...

Yaradan, gökyüzünü güzelleştirmesi için güneşi ve yıldızları, yeryüzünü güzel kılması için de insanları yaratmıştır.

İşte bu yüzden yaşamın en güzel yerinde soluk almayı hak ediyorsun!..

Karşılaşma...

Bilge Varlık'la karşılaştığımda henüz on üç yaşındaydım. Benim için hayatın bir anlamının olmadığı ve kendimi yalnız hissettiğimi düşündüğüm bir günde, büyük bir sessizliğin ardından, sis bulutlarının içinde betimlediğim kalın ve buyurucu bir şekilde hissedilen bir ses tonlamasıyla karşıma çıkmıştı.

Onun öğretilerinin, ilerisi için bana büyük farkındalıklar katacağını bilmeden, o gün Bilge Varlık'la uzun uzun sohbet etmiştik. Otoriter bir babanın şiddetini aksettiren bir konuşma tarzına ilk başlarda ürkerek katlansam da, sonrasında, öğretilerinden büyük keyif aldığım için sözlerine dikkatle odaklanmıştım.

Bilge Varlık konuşmamız sırasında, bana mucizevi bir varlıktan da söz etmişti o gün. Onun tüm bu öğretilerinin asıl nedeni, Mucize Varlık'la tanışmadan önce, bazı farkındalıkları kazanmam gerektiğiydi.

Müthiş bir heyecan vardı içimde, çünkü Mucize Varlık'la tanıştıktan sonra istediğimi elde edeceğimi de Bilge Varlık sözlerinin arasına eklemişti. Bana söylediği önemli bir detay daha vardı, o da, farkındalık kazandıran bu öğretilerini başkalarıyla paylaşarak, ulaşabildiğim tüm insanlığı Mucize Varlık'la tanıştırmaktı. Bilge Varlık bu isteğini belirttikten sonra, beni şimdiden kutlarcasına "İşte o zaman ne dilersen elde edebileceksin" diyerek, vücudumdaki tüm hücrelerime heyecan ve güç aşılıyordu.

Bu kitapta Bilge Varlık'ın kurallar ötesi düşünce ve öğretilerini, ardından, yaşamımı bütünüyle olumlu yönde değiştiren Bilge Varlık'la geçirdiğim dakikaları konu alarak sizlerle paylaştığım gizemli bir hikâyeyi bulacaksınız. Bu paylaşım aynı zamanda sonsuzluğa uzanan bir yola adım attığımın da bir ifadesidir benim için.

Gerçekte karşılaştığım Bilge Varlık'ın sadece sesini duyabiliyordum, fakat kitap içeriğindeki anlatımda Bilge Varlık'ı görünür bir şekilde betimleme gereksinimi duydum. Böylece onu daha iyi hissedebileceğinizi düşünüyorum... Kitabımızda Bilge Varlık'ın otoriter tavrı ve sert çıkışlarıyla karşılaşacaksınız, onun bu can yakıcı sözlerine maruz kaldığımda şöyle demişti bana:

"Gerçeklerin yaktığı can baldan tatlıdır her zaman."

Onun farkındalık dolu sözlerinin ve öğretilerinin etkisini şimdi çok daha iyi anlıyorum...

Tanrı kusursuzdur ve O yarattığı her şeyi kusursuzca, özenerek yaratmıştır. O seni yaratırken ruhuna kendi ruhundan üflemiştir. Sen, Tanrı tarafından bu kadar özenle yaratılmışken kendine inanmamak ve kendini değersiz görmekle en büyük günahı işliyorsun! Evrende başka sen yok! Unutma, senin en büyün zenginliğin aldığın soluğu hissetmendir!

Bütün kuralları yık ve kendi kurallarını koy!

Ansızın yaşantıma girivermişti yalnız kaldığım o akşam... Alacakaranlığın ardından belirmişti ve adeta bir sis bulutu vardı çevresinde. Net göremiyordum, ama insana benzeyen hiçbir iz yoktu gövdesinin üst bölümünde! Nedense hiç korkmuyordum ne olduğunu bilmediğim bu varlıktan. Sadece biraz şaşkındım! Onu ilk kez görmeme rağmen kendime hiç de uzak hissetmiyordum ve tam aksine daha önce varlığını birçok kez duyumsamış gibiydim!

Ama nerede?

Karşımda öylece duruyordu sessizce, sanki benden bekliyormuşçasına ilk sözcükleri... Gözlerini seçmek istedim, ama gözleri yoktu, göremiyordum. Kulakları da... Bir anda "Uyandın artık, gerçek dünyandasın" dediğinde, beynimin içi soru işaretleriyle doluverdi.

Aklımdan geçen sorular o kadar çoktu ki, ama bu soruları ona nasıl soracağımı bile bilemiyordum. Korkum yoktu belki, ama şaşkınlığım ellerimin titremesinden çok net bir şekilde belli oluyordu. Belki de korkmadığımı sanıyordum!..

Cesaretimi topladığım bir anda "Gerçek dünya da ne demek, siz kimsiniz?" diye sordum ve cevap vermesini beklemeye başladım.

Fakat o sadece susuyordu...

Çok geçmeden derin nefesini hissettim benliğimde. O kadar güçlüydü ki iç çekişi!.. Sanki okyanusları içine çeken bir dev vardı karşımda. Birkaç saniye sonra o gür sesiyle "Kim olduğumun bir önemi yok, kim olduğumu bir daha sorma, sadece hisset!" diye haykırdığında, aklımdaki soru işaretleri daha da artmaya başladı.

Neyi hissedecektim? Nereye gelmiştim? Yoksa derin bir rüyada mıydım ben? "Kim olduğumu sorma" demişti bana. Demek ki aklımdaki soruları sormamda bir sakınca yoktu.

"Sadece bunun bir rüya mı, yoksa gerçek mi olduğunu söyleyin bana?" diye merakla sorduğumda, kendinden emin bir şekilde "Artık rüya bitti!" dedi ve ekledi: "Şimdi gerçek dünyandasın!"

Bunu az önce de söylemişti zaten. Bu gerçek dünyanın ne olduğunu anlamaya çalışıyordum hâlâ. Neydi gerçek dünya?

Ardından "Benim evrenime ne oldu?" diye sordum vakit geçirmeden. "Senin evrenin hiçbir zaman olmadı, sadece senin dünyan vardı! Fark edemediğin iç dünyan..." diyerek cevap verdi sert bir tavırla ve ben endişelenmeye başlamıştım artık. Üstelik her cevabının ardından, yavaş yavaş bana yaklaşıyordu bilinmeyen şey.

Neredeyse ayakucuma kadar gelmişti ve bir anda durdu. Hâlâ yüzünü seçemiyordum. Onu görmek istediğimi anlamış olmalı ki sert bir şekilde "Boşuna bakma öyle!" diye haykırdı. "Kim olduğum önemli değil" diyerek az önceki sözlerini yineledi ve ardından "Artık buradasın, olman gereken yerde. Görmek istediğin her şeyi bundan sonra görebileceksin, baktığından öteye bakacak ve göreceksin!" dediğinde içimi bir ürperti sarmıştı o an.

Kendimi çaresiz hissediyordum. Açıkçası çaresizliğin dışında endişe ve korku da vardı düşüncelerimde artık. Beynimin içindeki bu garip duygularla boğuştuğum sırada, sanki benden bir parçaymış gibi ne hissettiğimi anlamış olmalı ki, düşüncelerimi parçalayacak bir şekilde araya girerek "Korkma!" dedi ve ardından, "Korkuyu sen yaratıyorsun, korku

yoktur, o, senin düşüncelerinin zayıflamış
özündeki sevgiden uzaklaştığının gösterge...
Ama hâlâ korkuyordum ve en kötüsü de, kor...
onun da bildiğinin artık farkındaydım...

Sonrasında ani bir el hareketiyle birlikte "gel" diye işaret etti. "Nereye gittiğimizi sakın sorma, sadece gel..."

Arkasını döndü ve yürümeye başladı. Ben de hemen ardından onu izlemeye başladım nereye gittiğimizi bilmeden... Ama bilinmeyen bu varlık o kadar hızlı yürüyordu ki, onu yakalamak için adeta bir tavşan gibi hızlıca koşmam gerekecekti.

Bir anda durdu ve arkasını dönerek bana sertçe baktı. "Yine ne olmuştu acaba?" diye iç geçirdiğim sırada o sert bakışları, yeni yürümeye başlamış bir çocuğu izliyormuşçasına yumuşamaya başladı ve ardından "Sen yürümüyor, sadece bastığın yeri okşuyorsun" diyerek hafifçe gülümsedi.

"Çok hızlı yürüyorsunuz, size yetişemiyorum" diye cevap verdiğimde alaycı bir şekilde "İşte bu yüzden güçsüzsün" diye homurdandı.

Bir anda onun gözlerini görebildiğimi fark etmiştim!

"Evet" dedi, "gözlerimi görebiliyorsun artık, egon tatmin oldu mu?"

Bunların anlamı neydi, çıldırmak üzereydim... Bu adam ya da her neyse beni çok iyi tanıyordu.

Sonra gözbebeklerimi dikkatlice süzdü ve ardından "Yürüdüğün zaman ayaklarının altındaki toprak senin kim olduğunu anlamalı, kendinden emin, güçlü ve kararlı olduğunu hissetmeli ki varoluş sana yardım etsin!" Onun bu konuşmasını dikkat ve hayret içinde dinlerken, o ise sözlerini sürdürüyordu:

"Yere bastığın zaman, ona tokat atmışçasına tok bir ses gelecek. İşte o sesi tüm hücrelerin duymalı. Şimdi o sesi

...ıymak için adımlarını sertçe kullan ve beni izlemeye devam et!"

Bu sözlerinin ardından arkasını dönerek hızlıca yürümeye başladı.

O kadar hızlıydı ki, ben "Peki" diyerek cevap verene kadar o, metrelerce uzağa gitmişti bile!

Arkasından tekrar yürümeye başladım. Kulaklarım, yerden gelen sese odaklanmıştı sadece. O kadar sert basıyordum ki yere, ayaklarımın yandığını hissediyordum artık. Ona yetişmek için daha hızlı yürümeliydim, koşmalıydım... Ama bunu yapabileceğimi hiç sanmıyordum, çünkü ayaklarımın su topladığını, yer yer kanadığını hissediyordum artık!

Bastığım yerleri tokatlıyordum o an belki, ama toprak, ayaklarımı tokatlamaktan daha beter etmişti beni. Bu düşüncelerle iç geçirdiğim sırada aniden duruverdim.

Ben durur durmaz bunu hissetmiş olmalı ki metrelerce uzakta olmasına rağmen o da durdu...

Bulunduğum yere oturup ayaklarımın altına bakmak istediğimde şaşkınlığım daha da arttı. Çünkü ayakkabılarım yoktu ayağımda. Bu imkânsızdı! Yola çıkmadan ayakkabılarımın ayağımda olduğuna emindim çünkü.

Nedense o an ayaklarımın yandığını, ağrıdığını ve kanadığını da hissetmiyordum...

Ayaklarımla oyalandığım bu sırada garip varlık birden karşıma dikildi ve gülmeye başladı. Sonra aydınlanmamı sağlayan o cümleyi haykırdı:

"Odağını değiştirdiğinde ağrılar da kayboldu."

Gerçekten de o an ağrı hissetmiyordum. Tek düşündüğüm, ayakkabılarımdı. Şaşkınlık duygusunu yaşamam, ağrı duygusunu bir anda yok etmişti. Garip varlığın ne demek istediğini anlamaya başlamıştım.

Ayağa kalktım ve yürümek için hazır olduğumu söyledim ona. Başıyla onayladı beni ve yürümeye devam ettik. Yaklaşık iki saattir yürüyorduk, ayaklarım hâlâ kan içindeydi. Bu sırada çaktırmadan onun ayaklarına göz attım, ama hiçbir kanama ve yıpranma belirtisi yoktu!

Ayaklarına gizlice göz atmama rağmen bunu hissetmiş olmalı ki başını bana doğru çevirdi ve "Kanamıyorlar değil mi?" diye sordu alaycı bir tavırla. Cevap veremiyordum. Daha sonra kendinden emin bir şekilde "Çünkü kanamasını ben istemiyorum!" dedi ve ardından ekledi: "Yalnızca ben istersem, ben izin verirsem kanarlar!" Bu son cümlesinden sonra kısa bir soluk aldı ve bütün düşüncelerimi altüst edercesine "Neye izin verdiğinin bilincinde olursan, düşüncelerini kontrol etme gücüne de sahip olursun" diyerek sözünü tamamladı.

Onun bu sözleri çok hoşuma gitmişti. Bazen ondan çekiniyor, bazen de yanımda olmasından huzur duymaya başladığımı hissediyordum. Kendimi nedense ona yakın hissetmeye başlamıştım, kim olduğunu hâlâ bilmeden...

Yürümeye devam ettik. Saatler geçmişti ve biz hâlâ yürüyorduk. Artık iyiden iyiye yorulduğumu hissetmeye başlamıştım ve bir anda duraksayıp yolun kenarında duran kocaman bir kayanın üzerine oturdum. Biliyorum, birazdan yanıma gelecek bana kızacaktı garip varlık, ama yürümeye devam etsem yorgunluktan yere yığılacağıma da emindim.

Fakat tahmin ettiğim olmadı, garip varlık yanıma gelmedi! Yine yanılmıştım!

Bakışlarını üzerime dikmiş uzaktan beni izliyordu ve hâlâ ayaktaydı. Yaklaşık on dakika boyunca ben oturup kalmıştım, o ise ayakta beni izlemişti.

Artık o anlamlı bakışlarından rahatsız olmaya başlamıştım ve oturduğum koca kaya parçasının üzerinden kalkıp yanına doğru yürüdüm.

Yanına yaklaştığımda bana bir şeyler öğütleyeceğine emindim, ama yine beni yanılttı ve hiçbir şey söylemeden yürümeye devam etti.

Hızlı adımlarına ayak uyduramıyordum, sanki daha da hızlanmıştı bu sefer. Üstelik ben dinlenmiştim, o ise ayakta beni beklemişti! Hiç beklemediğim bir anda beni küçümser bir ses tonlaması ve yüzündeki alaycı tebessümle "Yoruldun mu yine?" diye sorduğunda, sadece "Çok hızlı yürüyorsun" diyerek cevap verebildim.

Ardından yüzündeki tebessümü gülümsemeye dönüştürerek "Yorulmak nedir?" diye, az önceki sorusuna ek bir soru daha yöneltti.

Düşünmeye başladım. "Yorulmak nedir?" Bu nasıl bir soruydu böyle! Daha önce hiç kimse sormamıştı bunu bana, düşünmemiştim bile. Verecek bir cevap bulamadım ona karşı.

Cevap veremeyeceğimi anlamıştı garip varlık. Bir anda durdu ve gözbebeklerime odaklanarak "Bilmediğin bir şeyin hissine kapılıyorsun. Yorulmanın ne olduğunu bilmiyorsun, ama yoruluyorsun" dedi. Ardından sert bir şekilde "Yorulmak yoktur! O sadece zihninin sıradan insanlardan kopyalamış olduğu bir program" diye eklediğinde dilim ona cevap vermekten kaçarken sanki boğazıma dolanmıştı!

Ama garip varlık benim durumuma aldırış etmeden öğüt verir bir şekilde sözlerini sürdürdü:

"Bütün eski kuralları unut! Yaşamında sadece kendi kurallarını koy ve o kurallara uy! Ancak o zaman istediğini elde edebilirsin. Kendin ol ve kendine bir yol çiz! Yorulmak yok, sakın unutma. O insanların uydurduğu sahte bir programdır. Sen, kendine uyumlu programları kendi kurallarına ekleyerek, bilinç düzeyinde hazırlayacaksın."

Bir kez daha nefesim kesilmiş ve nutkum tutulmuştu. Ben, bu karmaşık duyguları zihnimde açmaya çalışırken o ise hızından hiçbir şey kaybetmemişti ve yürümeye devam ettik. Bu esnada garip varlığın hiçbir hatamı ve mazeretimi kabul etmediğini anladım.

Saatler geçmişti ve hâlâ yürüyorduk. Bir ara tekrar cesaretimi toplayıp, "Nereye götürüyorsun beni?" diye sorduğumda, bir köleye seslenircesine sert ve tok bir gırtlak uğultusuyla " Sadece yürü!" diye haykırdı.

Artık yorgunluktan omuzlarım çökmüştü. Vücudumun bir kambur gibi iki büklüm olduğunu hissediyordum. Sorumu tekrar yineledim:

"Nereye gidiyoruz? En azından daha ne kadar yürüyeceğimi söyle bana?"

Istırabıma aldırış etmeden göz ucuyla sert bakışlar içinde vücudumu inceledi, sonra sol elinin serçeparmağıyla tuhaf bir şekilde beni itekledi. Sonrasında iki eliyle omuzlarımı tuttu ve bir demirci ustasının korlaşmış bir demire biçim vermesi gibi omuz başlarımı sertçe dikleştirdi. Sanki vücuduma yeni bir görünüm veriyordu!

Ardından bir diksiyon öğretmeninin öğrencisine seslendiği gibi "Dik dur!" diyerek beni uyardıktan sonra, "Ancak kendine güveni olmayan insanların omuzları çöker. Benim yanımdayken kendine güvenmeyi öğreneceksin. Benim yanımdayken, omuzların dik olacak ve hiçbir şekilde aşağı düşmeyecek" sözleriyle beni azarladı.

Bu sözlerinin ardından tırsarak, omuzlarımın istemeyerek de olsa zamanla yorgunluktan düşebileceğini söylediğim sırada "Mazeret yok!" diyerek ruhuma adeta bir balyoz indirdi.

Kendimi toparlamama izin vermeden ruhuma indirdiği balyozu havaya kaldırıp tekrar indirircesine sözlerine devam etti:

"Bırak artık mazeret fabrikası gibi olmayı!"

Kendimi savunmasız bir çocuk gibi hissediyordum. Yaşadığım hisleri duyumsamışçasına bana biraz daha yaklaşarak "Öyle masum ve çaresizce bakma!" dedi "Sen çocuk değilsin. Savunma gücün var. Sadece kendin ol! Başkasının ruhuna sokma kendini. Kendi bedenindeki yüreğini ve ruhunun asaletini hisset yalnızca."

Sanki üzerime dolu yağmış ve donup kalmıştı bedenim öylece...

Yoğun ve karmaşık duygularla kilitlendiğim bu sırada "Unut, o eski kuralları artık unut!" diyerek yeniden haykırdı ve ardından "Sadece dediklerimi uygula ve omuzlarını dik tutarak beni izle!" dedikten sonra gözlerime odaklandı.

Kendimi tonlarca yük taşımış gibi yorgun hissettiğim bu sırada sesi yeniden bir anda yükseldi. Bana yaşam felsefesini açıklarmışçasına, "Rahat denen şey, senin bedenini ve ruhunu esir alan, seni işe yaramaz bir varlık haline getiren düşünce sistemindeki bir hatadır. Rahat olma! Eğer rahat olmayı istiyorsan git mezarlıkta kendine bir yer bul. Ancak orada rahat olabilirsin. Yaşarken ölü rolünü üstlenmenden sıkıldım artık!" diye çıkıştı.

Ardından az önceki sert sesini biraz yumuşatarak sözlerini, "Unutma, rahatlık ortamında güzellikleri yaşayamaz ve yaşatamazsın" diyerek noktaladı.

Bu sözler darmadağın etmişti benliğimi. Bütün düşünce sistemim bir anda parçalanmıştı sanki. Ne olursa olsun ona ayak uydurmak zorunda hissediyordum kendimi, hızlı adımlarla devam ettik yürümeye. Omzum çivi gibi dikti ve ayaklarımın yere sağlam bastığını hissediyordum. Kısa bir süre sonra içimi bir huzur kapladı. Bir anda duygu durumum değişmişti nasıl olduysa... Sanki az önce adeta buz kesilen ben değilmişim gibi sıcacıktı ruhum.

Hiç beklemediğim bir anda "Evet" dedi gülümseyerek garip varlık, "farkı hissetmene sevindim."

Beynimde bir casus vardı sanki ve sürekli ona bilgi sızdırıyordu!..

Uzun bir süre hiç konuşmadan yürümeye devam ettik. Artık bana hiç öğüt vermiyor, sadece hızlı adımlarla yürüyordu. Bir ara yolun bozulduğunu hissettim. Mıcır ve ufak kaya parçalarından oluşan sapa bir yola girmiştik.

Yoldaki ufak kaya parçaları ayaklarıma bir iğne gibi batarken, ben ise omuzlarım dik şekilde sadece yürüyordum. Canım az da olsa yanıyordu, ama bu konuda konuşmak istemiyordum artık. "Kaderime katlanacağım" diye düşündüğüm sırada garip arkadaşım "Kaderine katlanma! O seni sadece yol ayrımlarına kadar götürür; hangi yolu seçeceğine ise sen karar vereceksin. Yaşamın akışına karşı gelemez, onu değiştiremezsin, ama onun sunularına farklı anlamlar katma gücüne sahipsin! Bu farkındalığa erişirsen kendi kaderine yön vererek evrenle bütünleşmiş olursun" diyerek uzun süren sessizliğini bozdu.

Peşinden işaretparmağıyla gökyüzünü gösterip "Bak, selam veriyorlar sana, gördün mü?" diyerek alay ettiğini sandığım bir soru yöneltti.

"Hayır" diye cevap verdim umursamaz bir tavırla.

"Farkındayım" dedi. "Ayakların artık sağlam basıyor, omuzların da dik, ama gözlerin sürekli yerde! Başını kaldır ve tam karşına bak, ufka doğru."

Ardından "Bulutların selamını aldın mı?" diye sorduğunda, kendimi, yüksek rütbeye sahip bir komutanın azarlamasına maruz kalmış bir asker gibi hissettim.

Cevap veremiyordum. Suskunluğumu bozmadan adeta yere çivilenmiş bir halde bekliyordum sadece.

Tam o sırada "Kendini daha da huzurlu hissetmek istiyor musun?" diye sordu garip varlık. Sesinin tonu, mutluluk haberi getiren bir periyi andırmıştı bana.

Başımı evet anlamında sallayarak onayladım onu.

"O halde yürürken bulutların selamını al, bir komutan gibi..." dedi ve sustu.

Gözlerimle bulutlardan selam alarak yola devam ettiğimde içimi müthiş bir duygu kaplamıştı. Kendimi uzun zamandır ilk kez bu kadar huzurlu hissediyordum. Az önce bir iğne gibi ayağıma batan ufak mıcır parçaları şimdi, adeta bir masaj etkisi yaratıyordu bedenimde.

Sevmeye başlıyordum bu garip varlığı. Sanki zor anlarımda beni yaşama hazırlayan bir bilge vardı yanımda. Söylediklerine ilk başlarda anlam veremesem de, zamanla onu anlamaya ve ona inanmaya başlamıştım.

Bu garip varlık her kimse ve her neyse benim kötülüğümü istemiyordu. Üstelik beni benden daha çok düşünüyordu.

Onu ilk gördüğüm anda sorduğum soruyu yineledim:

"Sen kimsin?"

Bir anda durdu ve biraz sitemkâr, biraz da kızgın bir şekilde "Beni çok iyi tanıyorsun" dedi. "Evet, beni çok iyi tanıyorsun, ama beni bugüne kadar hiç fark edemedin!"

Ona, kendisini daha önce hiç görmediğimi söylediğimde çok sert bir şekilde "Biliyorum" dedi ve ardından, "Hissetmedin bile, hissetseydin şu an karşında olmayacaktım zaten" diye ekledi.

Bana olan bakışları şimdi tekrar değişmişti. Sanki karşımda benden öç almaya gelmiş bir insan vardı ve homurdanarak söylenmeye devam ediyordu:

"Kim ve ne olduğumun hiçbir önemi yok, önemli olan şu an hangi sebeple oluşumdur! Sizler kimlik derdine düşmekten insanların kişiliklerini göremediniz! Gözleriniz onların fiziksel boyutuna odaklandı, bu yüzden yüreklerini de fark edemediniz. Sanal ortamlara girip gerçeklerden kaçtınız. Adeta kendinize suretler oluşturdunuz ve gerçek siz içinizde hapis kaldı! Bunu, kendinizi iyi hissetmek için yaptınız, ama yanıldınız." Sözlerinin burasında yutkunmak için birkaç saniye durdu ve sonrasında huzur denen duygunun kaynağına ulaşmam için konuşmasına devam etti:

"Çünkü gerçek huzur sadece varlığın derinliğinde mevcuttur, senin merkezinde, senin özünde, onu yüzeyde bulamazsın, derine inmeden onu asla kucaklayamazsın!"

Onun bu sözlerinin etkisinden kurtulmak isterken, savunma mekanizmam otomatik olarak devreye girmiş olmalı ki "Bana böyle davranamazsın!" diye bağırdım ve ardından tüm cesaretimi toplayarak "Ben gerekli eğitimi ve öğrenimi zaten aldım, beni bu şekilde azarlayamazsın!" diyerek sertçe çıkıştığımda o, bir zavallıyı izler gibi sadece gözlerini üzerimde tutuyordu.

Kısa bir süre sonra o anlamlı bakışlar, yerini alaycı bir tavra bıraktı. Dalgasını geçer gibi gülüyordu karşımda. Ardından, "Sen de onlar gibi oldun, oysa doğduğunda kendindin, özündeydin!" dedi ve devam etti: "Biliyorum bu senin hatan değildi. Yönlendirildiğini fark edemedin sadece! Eğitim ve öğrenim aldığım dediğin o yerde –okuldan, evinden ve yakın çevrenden–, senin beynine birtakım programlar yerleştirdiler ve o programları sana verdikleri bilgilerle şekillendirdiler. Kendi verdikleri kurallara uymazsan hata yapabileceğini, eğer hatasız bir insan olursan çok başarılı olacağını söylediler. Onların dediklerini yaparsan ileride çok mutlu olacağını anlattılar sana."

Sonrasında, "Onların hataları neydi biliyor musun?" dedi ve sustu.

Yüzündeki tavrından, sanki bir sırrı vermek için benim hazır olmamı beklediğini hissediyordum.

Derin bir nefes aldım ve onun gözbebeklerine odaklanarak ufak bir göz hareketiyle hazır olduğumu belirttim. Garip varlık bana biraz daha yaklaştı ve sesini yumuşatarak, "Onların hataları, seni sürekli başkalarını sevmeye yönlendirmeleriydi" dedi ve devam etti:

"Orada sana sürekli arkadaşlarını ve eğitmenlerini sevmeni söylediler. Senden istenileni onlara verdiğinde kendilerini mutlu edebileceğini ve bunun adına da 'paylaşma' dendiğini anlattılar. Sana 'Arkadaşların gibi ol' dediler. 'Şuna bak, buna bak ne kadar da başarılı, ne kadar da çalışkanlar, ne kadar zeki, sen de onlara benze, sen de onlar gibi ol' dediler.

Hiç kimse sana, 'Varlığına saygı duy, o yaratıcı tarafından sana hediye edildi, sen sadece kendin ol' demedi. Sen hep başkası olmaya koşullandırıldın.

Ve sen arkadaşlarını, eğitmenlerini ve çevrendeki yakın dostlarını kırmamak, incitmemek için çaba sarf etmeye başladın. Kendi değerlerinden vazgeçtin, onlar gibi olmaya çalıştın. Çalıştıkça yoruldun; fakat bu duygular içindeyken çok önemli bir şeyi unuttun!"

Ardından bir yargıcın, karşısında ezilmiş vaziyette duran mahkûma haykırdığı gibi, "Sen kendinden uzaklaştırıldın. Sen kendi hayatını bırakarak başkalarının hayatını yaşamaya başladın! Sen kendini sevmeyi unuttun! Kendine hiç değer vermedin! İşte bu yüzden sen hiç kendin olamadın, bu yüzden kendi derinliğine inemedin ve yüzeyde kaldın!" dedi.

"Oysa sen kendi orijinalliğinle güzeldin, sen diğerlerinden farklı yaratımınla anlamlıydın, ama toplum senin orijinalliğini bozdu, sen hep bir başkasını taklit etmeye alıştın ve bu senin yaşam biçimin oldu!" diye haykırdığında, bütün organlarıma sanki kramp giriyordu.

Ardından "Mutlu olmadığını hissettiğinde onlara verdiğin mutluluğu geri almak istedin; fakat onu sana geri vermediler. Sen onlara davrandığın gibi kendine davransaydın eğer, şimdi burada karşında olmayacaktım!" dedi ve bana bir soru yöneltti:

"İnsanların sırtının neden eğri, omuzlarının neden düşük durduğunu biliyor musun?"

Midemdeki krampın kıvrandıran etkisinden ötürü cansız bir sesle "Hayır" diyerek cevap verdim.

Beni acıyan gözlerle bir kez daha süzdükten sonra devam etti sözlerine:

"Üzerindeki gereksiz yükleri hâlâ göremiyorsun. Senin bir hedefin vardı, avukat olmak. Diğer insanların da hedefleri oldu. Kimi doktor olmak istedi, kimi ise psikolojik danışman. Bu insanlar hedeflerine ulaşmak için eğitim görmek adına gittiler bu kurumlara. Orada ömürleri boyunca hiçbir zaman kullanmayacakları bilgilerle doldurdular zihinlerini, alabildiğinden çok daha fazlasıyla!..

Sen avukat olmak isterken, sana hayvan biyolojisini öğrettiler orada. Sonra geometri olmazsa olmaz dediler. Bilgileri tıktılar gırtlağına kadar! Neye uğradığını şaşırdın ardından. Bu bilgileri zihninde taşıdın yıllarca ve beynin bu bilgilerle doldu taştı. Kafanın içinde yükselen o kadar çok ses vardı ki, sen yüreğinden gelen fısıltıları duyamaz oldun! Sonra eline bir kâğıt parçası tutuşturdular ve 'Artık eğitimin bitti, bundan sonra hayat yolunda başının çaresine bak' dediler.

İş aradın kendine ve genelde hep aramakla kaldın! Sonra ne oldu biliyor musun?"

Garip varlık bu son cümlesinin ardından duraksadı ve

cebinden bir ayna çıkararak yüzüme doğru tuttu ve var gücüyle bağırarak, "İşte sen böyle oldun!" dedi. "Ağırlıktan omuzların düştü, belini doğrultamaz oldun... Çıkartıp at artık bütün gereksiz yükleri sırtından, bırak yere düşsünler ve ardına bile bakmadan koş, koş ve yaşamı kucakla!.."

Henüz neye uğradığımı anlamamıştım ki, devam etti konuşmaya:

"Bundan sonra eski sen olmana izin vermeyeceksin! Bundan sonra gerçek gücünü fark edecek ve onu sevgiyle bütünleştireceksin! Yık bütün kuralları ve bundan sonra yaşamında sadece kendi kurallarınla yaşa!"

"Bitti mi?" diye sorarcasına garip varlığın yüzünü süzdüğüm sırada yine duygularımı okuyarak net bir şekilde "Hayır bitmedi" diye haykırdı, ardından, "Beni takip et!" diyerek hızlıca yürümeye devam etti.

Nereye gittiğimizi hâlâ bilmiyordum. Onu takip etmekten başka bir seçeneğim yok gibiydi... Uzun bir süre tek sözcük bile etmeden yürüdük. Etrafta ne bir ev, ne de yaşayan birileri vardı.

Az önceki suskunluğunu bozarak "Az kaldı..." dedi. "Birazdan konaklamak için duracağız."

Sabırla bekledim. Kısa bir süre sonra uzaklardan gözüme bir baraka ilişti. En azından bir barakaya gideceğimizi duyumsamak, hatta bundan emin olmak bana huzur veriyordu.

En azından nereye gideceğimizi biliyordum...

Ve çok geçmeden barakanın önüne geldik. Tam içeriye girmek için hareketlendiğim sırada arkamdan o kalın ve korkunç sesi gürledi:

"Dur! Nereye gittiğini sanıyorsun?"

Titrek bacaklarımı zorla hareket ettirerek arkamı döndüm ve ürkek bir sesle, "İçeri gireceğimizi sanıyordum" diye cevapladım.

Garip varlık, karşısında bir palyaço görmüşçesine kahkaha atmaya başladı. Onun bu hali artık sinirlerimi bozmaya başlamıştı. Beynimde uçuşan sözcükleri toparlayıp kendisine sertçe çıkışacağım sırada, "Sinirlisin, kendini hiç yoktan kızdırdın ve hâlâ benim seni kızdırdığımı düşünüyorsun" diye araya girdi ve ardından çok önemli bir ayrıntıyı bana anlatırmışçasına, "Bütün huzursuzluklar ve bu sinir bozucu halin, senin arzuladıkların ile gerçekte karşına çıkan olaylar arasındaki farktan doğarlar" dedi.

"Ben sana sadece 'Birazdan konaklayacağız' derken sen, zihninde gördüğün bu barakada kalacağımızı canlandırdın ve hedefine ulaştığını sandığın sırada hayal kırıklığına uğradın. Diğerlerinden bir farkın olmalı. Diğerleri gibi olmaya çalışma, artık sürüden ayrıl!" diye yüzüme haykırdığında, yeryüzünün katlarca dibine inmiş ve oradan tekrar yukarıya çıkacak gücü kendinde bulamamış bir insanın çökük hisleri kaplamıştı ruhumu.

Sürüden ayrılmak... Şimdi kendimi ayakları bağlı bir koyun gibi hissediyordum. Ben bu duyguları yenmeye çalışırken o istifini bozmadan "Öylesin zaten" diye ekledi.

Aman Allahım! Ben bunları hak edecek ne yapmıştım? Benim suçum neydi?

"Senin suçun kendin olamamak, kendini sevmemek ve başkalarına bağımlı yaşamak, onlardan ilgi ve sevgi dilenmekti, sen koca bir dilencisin" dedi ve gökyüzünün derinliğinde parlayan ayı işaret ederek "İşte..." dedi, "İşte o farkı yarattı. Güneş de öyle. Bulutlar gibi sürü halinde gezmeyerek kendilerini gökyüzünün kralı ilan ettiler!.. Sense diğer insanlar ne yapıyorsa, ne giyiniyorsa, neye ihtiyaç duyuyorlarsa onlara ihtiyaç duydun. Sen bir koyun değilsin, sen bir insansın ve insan olmak bir ayrıcalıktır. İnsan olmak diğerlerinden bağımsızca, kendi fikirlerinle hareket etmektir."

Sanki karşımda bir boksör vardı ve midemi patlatacakçasına yumruklarını saydırıyordu.

"Güçlü olmaya çalışma, yumruklarla bütünleş, o zaman yumrukları hissetmeyeceksin" diyerek beni uyardı. Ardından güçlü bazı sihirli formüller verircesine sesini yumuşattı ve "Sen kendini köle gibi hissettiğin sürece, karşındaki her kimse, kendini bir kral olarak görecektir.

Kral sen ol!

Bu dünya yalnız senin komutanda ve sen koca bir dünyasın. Sen varsan bu dünya var ve sen yoksan bu dünya olmayacak, çünkü sen yoksun! Ve herkesin kendi dünyası var. İnsanlar dünyanın merkezi olduklarının farkında değiller, oysa her insan bir merkezdir ve dünya insana değil, insan dünyasına yön verir. Dışarıda gördüğün dünya senin sadece düşüncelerinin bir yansımasıdır.

Kendi dünyanın efendisi ol! Efendisi ol, derken burada bir egodan söz etmiyorum. Efendinin sözlük anlamını unut! Bu senin sözlük anlamını bildiğin bir efendi değildir, o yalın haliyle sevgiden oluşuyor. Sen sevgi ol! Kendi dünyanı acısı ve tatlısıyla kabullen. Bırak artık başkalarının dünyalarında sürüklenmeyi. Bırak artık sürü halinde bağımlı kalarak gezmeyi, sen kendi yolunu çiz! Gerçek sevgi sadece kendi yolunda yürüdüğünde vardır ve sen kendi yolunda yürümeye başladığında, diğerleri de kendi yolunda olacaktır ve bu yol birlikle buluşur.

O zaman sen ve diğerleri olmayacaktır, o zaman sadece birlik olacaktır. Ve birlik olmak için önce kendi yolunu keşfetmelisin!" dedi.

Bu sözler bütün ruhumu olumlu bir şekilde sarmış olmalı ki, kendimi çok iyi hissettim. Daha önce hiç bu kadar güçlü olmamıştım yaşama karşı. Hızlıca yürümeye başladım. Nereye gittiğimi bilmeden yürüyordum ki bir ara tek başıma yürüdüğümü hissettim. Duraksayıp arkama baktığımda, onu bıraktığım yerde gördüm. Barakanın kapısının önünde dikiliyordu.

Sonra bir el hareketiyle "Buraya gel! Burada konaklayacağız" dedi gülümseyerek.

Hızlı adımlarla yanına gittim. Barakaya girdiğimde adeta bir harabeyle karşılaştım. Sanki savaşta bombalanmış bir depoydu burası. Üzerinde oturacak bir yatak arıyorken gözlerim, garip varlık, "Yatak yok burada!" diyerek düşüncelerime daldı birden. Sonrasında barakanın köşesinde duran karton parçalarını işaret ederek, acımasızca "Bu kartonların üzerinde dinleneceksin" dedi.

Başka şansım yoktu. En azından dinlenecektim...

Saatime baktığımda gecenin ikisini gösteriyordu. Kartonu, uzun olan duvarın kenarına doğru yere serdim. Yastık olmadığı için sağ elimi başımın altına koyarak boynumu destekledim. Artık uyumak için hazırdım. Garip dostuma "İyi geceler" dedikten sonra gözlerimi kapattım, onun nerede yatacağını düşünmeden...

Birkaç saat sonra onun barakayı çınlatan sesiyle gözlerimi ovuşturarak araladım ve saatime baktım. İnanamıyordum! Bu kadar insafsızlık olamazdı, çünkü saat henüz altıyı gösteriyordu.

O sırada garip varlık "Kalk artık, yapacak çok işimiz var" diyerek yüzüme doğru haykırdı. Bütün kaslarım sinirden eziliyordu adeta. Zar zor ayağa kalktım ve sinirlerimi onun üzerine boşaltırmışçasına "Dört saatlik bir uyku hiçbir insana yetmez" diye haykırdım. Bu davranışımı hoş karşılamamış olmalı ki sesini benim sesimden daha üst perdelere çıkararak "O sana dayatılan saçma bir zihinsel programdı" dedi ve ekledi:

"Siz insanlar, yirmi dört saatin en az sekiz saatini uykuda geçiriyorsunuz. Bu, insan ömrünün ortalama üçte birine eşittir."

Sözlerinin burasında kısa bir soluk aldı ve bedenime tabancayla ateş edermişçesine "Sen bir ölüsün!" diye haykırdığında, bütün bedenim ve ruhum adeta parçalanmıştı.

Ardından devam etti:

"Bu kadar uzun süre yatmak, seni bir ölüden farksız kılıyor, çünkü hayatla olan mücadeleni bıraktığın an sen de yok oluyorsun. Yaşamıyorsun... Ve sen sekiz saat boyunca yaşamadan durmanın ne demek olduğunu bilemeyecek kadar âcizsin! Şimdi, ya karton parçalarının üzerinde uyuklayıp bir ölü gibi yaşa ya da ayağa kalkarak yaşamı kucaklamayı tercih et!"

Bu sözler karşısında parçalanmış bedenimin ayağa kalkmasının çok zor olduğunu düşünüyordum ki, birden "Zor diye bir şey yoktur" diye bağırdı. "Bana bir şeyin zor olduğunu söyleme sakın! Düşüncelerinde 'zor' diye bir programı yaratmayı becerebildiysen eğer, zihninin derinliklerine inip o sorunlu programın yanına bir dinamit koyarak onu imha edebilir ve sonrasında yerine 'kolay' olanı da yerleştirebilirsin.

Zor yoktur! Sakın bana bir daha zorluktan söz etme!.. Sadece 'yapmayı' deneyeceksin. Ulaşamayacağını bilsen bile 'Yapamam' deme. Bu sözcüğü unut. Çünkü 'Yapamam' bütün inanç ve motivasyonunu körelten zehirli bir sözcüktür. Bu sözcük seni sınırlar, içindeki müthiş gücü keşfetmenin önündeki en büyük engeldir! Bunun farkındalığını kazandığında korkusuz bir kahraman olduğunu anlayacaksın.

Gözlerini kapatarak ellerini yıldızlara doğru uzat, onlara dokunamasan bile tüm varlığınla hissetmiş olacaksın!

Şimdi gel benimle! Sana yapmak ile yapamamak arasındaki farkı göstereceğim" dedikten sonra barakadan çıkıp, mıcırlı keskin taşlarla örtünmüş ıssız yolda yürümeye devam ettik.

Az ileride duran ulu bir dağı bana işaret ederek "Görüyor musun?" dedi. "Şimdi bu dağı yerinden oynatmanı istiyorum."

Onun bu son isteği şaşkınlığımın dibe vuruşuydu! Karşımda tepesi gözükmeyen yüce bir dağ vardı ve benden onu yerinden oynatmamı istiyordu!

Yüzüne baktım ve "Benimle dalga mı geçiyorsun?" diye çıkıştım. Net bir şekilde "Hayır" dedi. "Sadece sana güveniyorum!"

"Bunu yapamam" dedim ve arkamı dönerek yürümeye başladım. Peşimden seslenmesini beklemiyordum. Zaten seslenip beni yanına çağırsa da, bu defa gitmeyecektim. Kararlıydım.

Ondan iyice uzaklaştığımı hissettiğim anda dönüp arkama baktım. Ne bana ısrar etmiş, ne de "Gitme dur!" demişti. İlginç diye düşünürken, zihnimde bir anda barakada söyledikleri belirdi:

"Önemli olan denemek ve hissetmektir. Gözlerini kapatarak ellerini yıldızlara doğru uzat, dokunamasan bile onları tüm varlığınla hissetmiş olacaksın!"

Şimdi onu daha iyi anlıyordum. Bu varlığın gerçekten de motivasyonumu sağlamak adına gönderildiğine inanmaya başlamıştım iyice. Bazen ona karşı çıkıyor, kızıyor ve söylediklerine anlam veremiyordum, ama sanırım o her defasında haklıydı...

Bir anda geri döndüm ve koşar adımlarla dağa doğru yol aldım. Şimdi öyle enerji dolu hissediyordum ki kendimi, değil o koca dağı yerinden oynatmak, onu kum tanelerine ayırabilecek kadar kararlı ve güçlüydüm.

Çok geçmeden dağın eteğine ulaştım. O hâlâ yerinde duruyordu. Dimdik ayaktaydı. Belli ki hiç oturmamıştı. Yanına yaklaştım ve "Geldim" dedim.

"Görüyorum" diye cevapladı umursamazcasına.

"Hepsi bu kadar mı?" dercesine yüzünü süzdüğüm sırada, "Haydi durma" dedi, "git ve içinden geleni yap. Sadece yap!"

Dağa iyice yaklaşarak onu karşıma aldığım sırada garip varlığın arkamdan sesi yükseldi:

"Konsantre olmak için gözlerini kapat ve zihninde dağı yerinden oynattığını canlandır. Hedefin net, önünde diz çökmüşçesine duruyor. Sana boyun eğmişçesine..."

Bu sözler içimdeki kıvılcımı, adeta yanardağdan taşan bir lav püskürtüsüne çevirmişti ve o püskürtü kıvrıla kıvrıla akıp gidiyordu yüreğimden. Şimdi daha çok emindim başaracağımdan. Bir kez başardığımı görmüştüm çünkü!..

Kollarımı sıvadım ve ellerimi kahverengilere bürünmüş koca dağın üzerine dayadım. Sağ ayağımı hafifçe geriye atarak yerden güç almaya çalışırken bir yandan da ellerimle yavaşça dağı itiyordum.

O ise hiçbir şey yapmadan sadece beni izliyordu. Artık suskundu...

Yaklaşık on dakika geçmişti ve ben hâlâ yerinden oynatmak için var gücümü kullanarak dağı itekliyordum!

Ümidimi hâlâ kaybetmemiştim, kaybetmeye de hiç niyetim yoktu. Çünkü aklımda o garip varlığın bana söylediği, hep o anlamlı sözleri vardı:

"Önemli olan denemek ve hissetmektir, gözlerini kapatarak ellerini yıldızlara doğru uzat, dokunamasan bile onları tüm varlığınla hissetmiş olacaksın!" Bu sözler bütün ruhumu ve bedenimi sarmışçasına beni güçlü kılıyordu.

Sonra ilham kaynağımın beni izlediği yerden "Yeter!" diye haykırışını duydum. "Artık bırakabilirsin o zavallıyı. Yeterince sana direndi zaten. Bırak da rahat rahat dinlensin" dedi ve sustu.

Sonrasında yanıma geldi ve başını ellerinin arasına alarak beni alnımdan öptü. Bir babanın, oğlunun karnesindeki başarıyı gördükten sonra yaptığı konuşmadaki gururlu ses tonuyla "İşte gerçek sen busun! Şimdi içindeki kahramanın farkındasın. Onun, seni yürekli kılmasına izin verdin. Yapmak ile yapmamak arasındaki farkı çok iyi biliyorsun artık" diyerek beni onurlandırdı.

Gözlerimin ışıl ışıl olduğunu fark ettim. İçim huzur dalgalarıyla doluydu adeta. Beynimin hiçbir köşesinde olumsuza ilişkin bir düşünce kalmamıştı.

Yapmak istemek ve eylemde bulunma düşüncesinin daha önce beni hiç bu kadar huzurlu ve mutlu kılacağını düşünmemiştim. İnanmıştım kendime, belki de ilk kez inanmıştım. Onun "Eğer bir şey olmuyorsa yaşamı suçlamak yerine, kendi inanç ve kararlılığını sorgula" sözleri yüreğime nakış gibi işlenmişti adeta.

Bundan daha öte bir şey düşünemiyordum o an.

Sevgili dostum yüzüme gülümseyerek "Dile benden ne dilersen" diye emir buyurdu.

Artık ondan büyük bir hediye hak ettiğimi düşünmeye başlamıştım. Dileğim uzun zamandır aklımdaydı aslında, ama bunu ona nasıl söyleyeceğimi düşünüyordum şimdi de...

Karşımda duruyordu hiç kıpırdamadan. Belli ki dileğimi söylemeden hareket etmeye hiç niyeti yoktu. Tüm cesaretimi topladım ve ona, "Benim hakkımda artık iyi düşünmeni istiyorum. Beni suçlamanı istemiyorum ve beni motive edici sözlerini benden hiçbir zaman esirgememeni istiyorum..." dedim. İsteklerimi sıralarken birden sözümü kesti ve bir anda, az önce karşımda duran nazik varlık gitmiş, sanki yerini bir canavar almıştı.

"Bunu benim sana söylememin bir anlamı yokkk!" diye bağırdı ve ardından varlığımın kapılarının kaybolmuş anahtarını verirmişçesine ekledi:

"Bunu ben sana söyleyemem. Bu sözleri sadece sen kendi yüreğine işlediğinde anlamı olacaktır. Sen kendine inanarak, kendin hakkında güzel olanı düşünerek varlığınla, özünle bütünleşemiyorsan eğer, bir başkasının seni motive etmesinin hiçbir anlamı olamaz!"

Gırtlağından çıkan sert, çatallı bir ses tonlamasıyla, "Sen kendine inanmıyorsan, bir başkasının söylediklerine nasıl inanacaksın? Tek gerçek varlığındır, o senin özündür, o sevgidir, o aşktır, bunu sakın unutma. Birçok dünya vardır, ama senin dünyan onlardan çok ayrı ve farklı. Onu farklı kılan ise senin bakış açındır. Sen koca bir dünyasın ve o koca dünyanı sevgiyle ısıtarak fark yaratmalısın! Ve farkı yarattığın an, sürüden de ayrılacaksın!" dedi.

Bir kez daha bozguna uğruyordum. Ama bu duygu durumum nedense çok çabuk geçti ve kendimi toplayarak ona "Ben yeterince başarılı bir dünya kurdum kendime. Eşim, çocuklarım beni seviyor, ben de onları... Üstelik ben çok iyi bir avukatım" diyerek sözlerime devam ediyordum ki bir anda konuşmamı keserek, "Ben senin işlevselliğinle ilgilenmiyorum, o senin özün değil, senin özün varlığındır ve onun farkında değilsen diğerlerinin bir anlamı yoktur! Kendinin farkında değilsen, kendini de sevemezsin ve senin bu sahip oldukların o zaman anlamsızlaşır. Ne eşin, ne çocukların, ne de işin. Onlar vardır, ama anlamı yoktur; çünkü sen kendinin farkında değilsin ve bu durumda hiçbir şeyin yok demektir. Ve senin başarılı bir dünyada gördüğün şey yarattığın safsatalardan başka bir şey değildir. Tek gerçek sensin, yüreğindeki sevgin! Unutma. Kalıcı olan sadece varlıktır. Bir başkasının sana verdiği sevgi sana yetiyorsa eğer, kendini kandırıyorsun demektir" dedi ve sözlerinin burasında duraksadı. Derin bir nefes aldıktan sonra "Sen hâlâ sevgisizsin, sadece kendini kandırıyorsun!" diyerek ruhumu bir kez daha altüst etti.

Sonrasında tüm insanlığın ortak sorununa bir cevap verirmişçesine sesini iyice kalınlaştırarak "İşte senin dünyandaki aldatmaların tek nedeni budur" diye ekledi. "İnsanlar sevildiklerini düşündükleri halde neden eşlerini aldatıyorlar sanıyorsun. Sadece sanmakla yetiniyorsunuz, ama sonrasında içinizdeki boşluğu fark ederek, ilgiyi, sevgiyi ve şefkati başka dünyalarda arıyorsunuz. Ama bunu gerçek anlamda bulamıyorsunuz, çünkü senden başka bir dünya yok!"

Ardından çok önemli bir ayrıntıyı paylaşırmışçasına, "Kendi dünyana sevgi, ilgi ve şefkat tohumları ekersen, aldatmak zorunda da kalmazsın!" dedi ve duraksadı.

Bana şimdiye kadar öğretilenler dışındaydı bütün bu kurallar. O yüzden zorlanıyordum. Düşüncelerimi ve yaşamımdaki kuralları değişime sokmam gerekecekti, ama bunu nasıl yapacaktım ki? Her şey bu kadar kolay mı? Yeni bir yaşam sunuyordu bana, ama o yaşama alışmak için acı çekeceğimin farkındaydım.

Acı, yaşam yolunda benim geri adım atmamın tek nedeniydi...

Acıdan kaçmaya çalışmıştım, belki de gerçeklerle yüzleşmek canımı yakacaktı, şimdi ise benden acıya doğru koşmamı bekliyordu.

Acıdan bu kadar korkarken bunu nasıl başarabilirdim ki?

Bir ateşin ortasında hayale dalmış aklımdaki bu soruları düşünerek iç geçirdiğim sırada bilge dostum, "Sen koca bir dağı yerinden oynatmaya kalktın" diyerek, beni ateşin ortasından adeta çekip aldı.

Sonrasında olumsuz düşüncelerimin arasına, olumlu düşünceler içeren bir panzehiri beynime enjekte edermişçesine, "Acı çekmekten korkma. Acı sana hayatta var olduğunun sinyallerini vermek için geldi!

Acı sana, yaşamın durağan olmadığını ve onun akışına ayak uydurman gerektiğini hissettirmek için geldi.

Bırak acıyı reddetmeyi, onu sevgiyle kabul ettiğinde bütünü

kucaklamış olacaksın. Onun yaşamından bir parça olduğunu ve yaşamına, yüreğini büyütmek için girdiğini unutma sakın! O, sana farkındalık katmak için gelmiş bir araç sadece, ondan korkmana bu yüzden gerek yok" dedi ve söyleyeceklerini tekrarlamamı istedi. Onun her sözünde bilgelik sezdiğim için artık ona "Bilge Varlık" demeye karar verdim...

"Acı, beni gelecekte yaşayacağım tüm zorlukları göğüslemem adına karşıma çıkan bir dosttur. Onu tüm kalbimle kabul ediyorum. Yaşamımdan bir parça olduğunu her an duyumsayarak tüm hücrelerimi huzurla dolduracağım.

Acıyı seviyorum. Onu kabullendikçe daha kolay bir hayat sürdüğümü fark edebiliyorum. Acı beni anlayışlı, sevgi dolu ve sabırlı kılıyor. Yaşamın bana sunduğu her duyguyu kabul ediyorum; tüm duyguların yaşamı bütün kıldığının ve birini reddedersem yaşamı reddetmiş olacağımın farkındayım. Her şeyle birim ve bu bütünleşme beni aydınlık kılıyor."

Bu sözleri yüreğime işledikçe kendimi acemi birliğinde yemin törenine katılmış bir asker gibi hissediyordum.

Sonunda yemin törenim bitmişti...

O sırada bir ses işittim. Bu ses, midemin açlıktan guruldayışıydı. O kadar derin ve net bir şekilde geliyordu ki kulaklarımda uğultu oluşturuyordu. Birden aklıma bugün hiç yemek yemediğim geldi. Neredeyse koca bir gün boyunca dilime tek bir lokma değmemişti.

Bilge Varlık'a dönüp, yemeği nerede yiyeceğimizi sorduğumda, gülerek "Ne çabuk acıktın?" dedi ve devam etti: "Evrenin karşına ne zaman ne getireceği hiç belli olmaz. Alışmalısın yaşamın getirdiği koşullara. Dayanıklı olmalısın."

Ardından "Senin bir özelliğin var" diye ekledi. "Çaresiz kaldığın zamanlarda, kendine çare bulabilirsin. Bu insan olmanın bir özelliğidir."

"Nasıl bir özellik bu, hem onu nasıl kullanabilirim?" diye sorduğumda, "Beyninin içinde, düşüncelerinde saklı" diyerek cevapladı. "Sen düşüncelerinle koca bir dağı yerinden oynatabildiysen eğer, aç karnını da doyurabilirsin. Şunu sakın unutma, düşüncelerin dünyanı biçimlendirir.

Düşünceler, hem çaresiz durumlarında yaşamını kurtaran bir yardımcın, hem de seni dipsiz bir kuyuya sokup yaşamını karartabilen etkili bir silahındır!

Düşüncelerinin nasıl gerçeğin olduğunu sana göstermeden önce bir şey sormak istiyorum. Uçmayı sever misin?"

İnanamıyordum. Bu yaşamım boyunca düşlediğim en büyük hobimdi ve şimdi bu hobiyi sevip sevmediğimi birisi bana soruyordu!

İçimdeki çocuğun istekli sesiyle "Uçmak benim için hayalden öteydi hep, uçmak için canımı bile verirdim" diye haykırdığım sırada Bilge Varlık "Bir şeyler yapabilmek için canını vermen gerekmez" diye çıkıştı ve ardından sözlerine devam etti: "Hepiniz aynısınız. Hedefleriniz var, ama onun peşinden inanarak koşmuyorsunuz. Sonra da canımı bile verirdim diyorsunuz. Senden canını isteyen yok! Sadece hedefinin peşinden koş ve onu kucaklayacağına inan, bu kâfidir!.."

"Peki, bana yardımcı olur musun?" diye sordum bu kez. "Uçmak için ne yapabilirim?"

Az önce midemden barut patlaması gibi çıkan sesler bir anda kesilivermişti. Açlığımı artık duyumsamıyordum bile. O sırada Bilge Varlık yine düşüncelerime dalarak, "Sen acıkmamıştın zaten. Sadece düşüncelerinin boş olduğu bir dönemde açlık için oluşturduğun programların devreye girdi ve sana bu hissi yaşattı. Düşüncelerin bir anda hayallerine odaklanınca açlık programın da devre dışı kaldı. Hiçbir şey yemeden birkaç gün boyunca yaşayabilirsin, korkma!" diyerek beni bir kez daha altüst etmişti.

Ardından coşkulu bir sesle "Şimdi uçma zamanı" diyerek onu izlememi istedi.

"Az önce yerinden oynattığın dağı görüyor musun? Şimdi o dağın en tepesine çıkıp, oradan gökyüzüne bir kuş gibi kanat açıp süzüleceksin."

Kaygılarım vardı. Tam aklımdan geçen bir soruyu ona soracaktım ki "Sakın oraya varıncaya kadar bana bir şey sorma" diye ekledi.

Onun bu isteğinin üzerine dilimin ucuna kadar gelen sözcükleri, zihnimdeki kaygıların arasına geri yolladım bir anda.

O ise bu duygu durumuma karşı vurdumduymaz bir tavırla "Artık hazırsan tırmanabiliriz" dedi ve onun bu son cümlesiyle birlikte uzun bir yolculuğa ilk adımımızı attık.

Daha ilk metrelerde olmamıza rağmen "Ne zaman varırız?" diye sorduğum an aklıma, oraya kadar kendisine hiçbir şey sormamam gerektiği gelmişti ve kendimi büyük bir azarlamaya karşı hazır hissediyordum.

Ben ona karşı bu olumsuz hissi beslerken o beni şaşırtırmışçasına gülerek "Sadece hayaline odaklan..." dedi ve ardından, "Hedefine odaklanman sana zaman kavramını unutturacaktır" diye ekledi.

Artık zihnimdeki kaygıların, soruların üzerini hayallerimle örtmüştüm. Sadece uçmayı düşünüyordum. Dağın tepesine ne zaman çıkacağım umurumda bile değildi. Sadece uçmak vardı hayalimde. Uçmak, uçmak ve uçmak...

Hayallerime dalmış yürürken bir anda otoriter sesiyle irkildim.

"İşte dağın tepesindeyiz" diyordu bu ses. Ama nasıl olurdu? Bu dağın tepesine tırmanmak benim tahminlerime göre en az üç gün sürerdi. Bu imkânsızdı!

O sırada düşlerimi dağıtırmışçasına "Zamanın zamanı yoktur" dedi. "Zaman sadece düşüncelerinin yanılmasıdır. Zaman yoktur. Sadece ona verdiğin anlamlar vardır. İşte dağın en uç noktasındayız ve sen hayallerine kavuşmak için buradasın!"

Dağın tepesine çıktığımızda bir babanın yavrusunu cesaretlendirdiği gibi "Şimdi sıra sende, hayallerin onu kucaklamanı bekliyor. Git ve kucakla onu artık" diye haykırdı.

O an içimi büyük bir belirsizlik ve peşinden korku kaplamıştı.

Yapamayacağımı hissetmeye başladım bir anda, uçmayı çok istememe rağmen bunu başaramayacaktım...

Yanıma yaklaştı. Sağ elini kaldırıp sağ omzuma dayadı. Sol eliyle de sırtımı sıvazlayarak "Korkunu sevgiyle kucakla, reddetme, onunla bütünleş. Onun içine gir ve sana ne anlatmak istediğine kulak ver. Korkunun sözlük anlamını unut, her sözcük kendi içinde saf sevgi taşır, enerji taşır. Korku sadece senin kattığın anlamla ürkütücü ya da sevimli bir duygu halini alır. Kendine güven! Bu seni yaşamın acımasızlığıyla bütünleştirerek huzurun kendisi olmanı sağlayacaktır!"

Daha sonra yeni yürümeye başlamış bir çocukmuşum gibi ellerimden tutarak, dağın en uç noktasına doğru beni yürüttü.

Beni uç noktada bıraktı ve kendisi birkaç adım geriye doğru çekildi. Bir kule görevlisinin havadaki uçak pilotuna verdiği mesajları aktarırmışçasına "Önce farkındalığını aç!" diye seslendi. "Farkındalığını aç ve evrene ondan ne istediğini net bir şekilde söyle!"

Sonrasında kuledeki mesajları işitmeye devam ettim:

"Evren şu anda senden isteklerini bekliyor. Ona uçmak istediğini söyle. Ona hayallerini anlat. Ondan huzur iste. Ondan bolluk iste." Sonrasında net bir şekilde "Evren senin zihninin içinde gizli. Evren senin düşüncelerinin kendisidir!" diye haykırdı.

O an aklıma, dağı yerinden oynattığım an geldi.

Gözlerimi kapattım ve düşledim:

Şimdi uçurumun en uç noktasındayım. Kollarım kanatlarımı simgeliyor. Havayı yarmak için öne doğru eğiliyorum ve ayaklarımı karın bölgeme doğru çekiyorum.

Artık hazırım. Ve kendimi bir anda boşluğa bırakıyorum. Aklımdan en ufak bir tereddüt geçmiyor uçmaya karşı. Sadece uçmanın hazzını yaşıyorum. Gökyüzüne doğru süzülüyorum keyifle. Bulutların üzerindeyim şu anda...

O beyaz pamukçukların üzerinde yürümek için ayaklarımı karnımdan aşağıya doğru sarkıtıyorum.

İşte değiyorum pamuksu bulutlara!..

Aman Tanrım ne kadar da yumuşacıklar!

İçim huzurla doluyor. Bulutların üzerinde dolaşmayı daha önce hiç düşünmemiştim! Sadece uçmaktı hayalim gökyüzünde...

Hâlâ bulutların üzerindeyim. Aşağıya bakmak bile istemiyorum artık. Kendimi hiç bu kadar huzur dolu, güvende ve rahat hissetmemiştim. Birden karşımda bir bulut beliriyor ve bulut adeta ayaklanıp yanıma geliyor. Sonra gözbebeklerimin içine gülerek, bugüne kadar hep beni beklediğini söylüyor!

Sonra kucaklıyor beni, sarıyor sımsıkı!

Grimsi ve beyazımsı renklere bürünmüş, küçücük bir bulut. İçimi okşuyor adeta. Bana hâlâ sarılı durumda. Ben de onu sarıyorum. "Ne kadar da özlemle sarıyor beni" diye düşündüğüm sırada, o da "Şimdiye kadar hiçbir insanoğlu gelmemişti buralara. Ben ise hep düşlerini kurdum. Özel bir insanın bir gün buralara geleceğini duyumsayarak ona sarılacağım günü sabırsızlıkla bekledim. İşte gerçek oldu hayallerim. Beklediğim özel varlık şu an karşımda" diyerek minnet duyguları ifade ediyor bana.

Sonra daha da sıkı sarılıyor. Bu sarılmayı hiç bırakmayacağını düşündüğüm sırada ellerini belimden çekerek "Teşekkür ederim sana cesur insan" diyor.

"Sen imkânsızı yok sayıp buralara kadar geldiğine göre, evrenin en cesur varlığı olmalısın" diye ekliyor.

"Bir gün bu sözleri bir buluttan duyacağımı bana söyleselerdi inanmazdım" diyorum ona. "İnanmalısın" diye karşılık veriyor. "Bunu sen başardın. Düşledin ve kendine daha önce inanamadığın duyguları yaşattın ve düşlerine kavuştun. Kimse engelleyemez seni artık. Sen seni aştın!

Sen evrenin en cesur varlığısın. Sen düşlerinin hâkimisin. Sen bir dünyasın!

Senin dünyandaki insanlar düş kurmuyorlar. Kursalar da bir gün o düşlerine kavuşacaklarına inanmıyorlar.

Başka insanların kendilerine söylediklerine inanarak 'yapamamayı' tercih ediyorlar. Yaşamdan korkuyorlar. Yaşam kendilerine 'zor' denildikçe bunu kendi doğruları olarak algılıyorlar.

Ve başaramıyorlar; çünkü düşleri zamanla onların gerçeği oluyor!.."

Pamuksu bulut bu sözlerinin ardından bana tekrar kollarını açıp, yıllardır hasretini çektiği bir dostuna seslenirmişçesine "Sen inandığın sen oldun!" diyerek beni kucakladıktan sonra gözlerimi açtım.

Bilge dostumun hâlâ arkamda beni süzdüğünü hissettim. Yavaşça arkama dönüp ona doğru birkaç adım attım ve dostuma her şey için teşekkür ettim.

"Buna hiç gerek yok" dedi. "Teşekkürü sadece kendi yüreğine et. Bunu en fazla hak eden orası çünkü."

Ve ardından, zihnimin kapılarını açan altın bir anahtarı bana sunarcasına "Yaşamak istediklerini düşlediğinde ve inanarak zihninde imgelediğinde, düşlerin senin gerçeğin olmak için yola çıkacaklar ve çok kısa bir süre sonra gerçeğin olacaklardır..." dedi ve ardından kendinden çok emin bir ses tonuyla "Çünkü insan beyni gerçek ile hayali ayırt edemeyecek şekilde yaratılmıştır!" diye ekledi.

Bu bilgilere sahip olmam, düşünce sistemime yeni bir boyut kazandırmıştı. O an, daha önce kendimi hiç tanımadığımı fark ettim.

İçimde gizlenmiş ne büyük bir hazine varmış diye düşünürken, "Hiçbir şey için geç kalmadın" diyerek yine düşüncelerimin arasına girdi Bilge Varlık "Artık bekletme onu" dediğinde, ne demek istediğini tam olarak anlamamıştım.

"Neyi bekletmeyeceğim?" diye sordum merakla.

Öğüt verir gibi, "Bugüne kadar fark edemediğin ve yüreğinin karanlığında sakladığın kahramanını bekletme. Dünyada bir iz bırakmak için artık onu aydınlığa çıkarman gerekecek. Yaşamına bir başkasının gelip de anlam katmasını bekleme sakın, çünkü öyle biri olmayacak! Yaşamına sadece sen düşüncelerinle anlam katabilirsin. Bu senin tek gerçeğin olsun ve gerçeğinden asla vazgeçme.

Diğerleri kendi dünyalarındalar...

Onlar kendi dünyalarında yaşarken sen de kendi dünyanı bırakıp onların dünyasına girdin çoğu zaman. İlgi ve onaylanma dilenciliği yaptın ve yorgun düştün sonrasında.

Kendi dünyan senden sevgi, ilgi ve şefkat beklerken, sen başka dünyalarla yakınlık kurdun. İçindeki dünya senden, tıpkı diğer dünyalara davrandığın gibi kendisine de dostça yaklaşmanı bekledi. İçindeki senin dünyan, diğer dünyalara verdiğin sahte güzelliklerin sadece bir tanesini, ufacık bir güzel sözü ona söylemeni bekledi.

Senden hiçbir şey istemedi bundan başka. Sadece onu fark etmeni bekledi" diye karşılık verdi.

Konuşmasının bittiğini düşünürken, sesinin tonunu iyice yükseltti:

"Bu dünyada kaybedecek hiçbir şeyin yok; çünkü senin, sana ait ve sana her zaman en yakın olan tek parçan var o da varlığın, ruhun! Başka bir şeyin yok! Ailen, arkadaşların, akrabaların... Hepsi emaneten dokundular senin yüreğine, daha sonra yüreğinde bir iz bırakıp ait olduklara yere geri dönecekler!

Korkma, sen de oraya döneceksin peşlerinden, ama kendini fark etmeden oraya gidersen, bu dünyada yaşamıştım diyemezsin!.."

Ardından yüksek sesini biraz daha sertleştirip "Yaşayan bir ölüden farkın olsun sürdüğün bu yaşamda!" diye bağırdığında ayaklarımın altında hissettiğim koca dağ sanki üzerime yıkılıyordu.

Kendimi zor da olsa toparlayarak bilgiye aç bir çocuğun ses tonlamasıyla "Bana kendimi nasıl fark edebileceğimi anlat lütfen" diyebildim.

Bu soruyu uzun zamandır ona sormamı bekliyormuş olmalı ki bana hemen "Kendinden ne isterdin?" diye sordu.

Bunu hiç düşünmemiştim açıkçası. Bugüne kadar kendimden bir şey istediğimi de anımsayamıyordum.

"İstemediğinin farkındayım" dedi. "O yüzden tekrar soruyorum, kendinden ne isterdin?"

Cevap vermeyeceğimi anlayınca sorusunu değiştirdi:

"Peki, sen kendinden bir şeyler istemeyi biliyor musun?"

"Biliyorum" dedim kendimden emin bir şekilde. "Biliyorum, ama yaşam istediğimi bana her zaman vermiyor."

Gözlerimin içine baktı ve alay edermişçesine gülerek "Yaşamı beklentilerle geçirmeyi düşünürsen, istediğini almak için daha çok bekleyeceksin demektir. Yaşam sana hiçbir şey vermez, sadece sunar. Bu sunulanları almak için önce senin kendinden bir şeyler istemeyi bilmen gerekir" dedi.

Sonrasında, insanların sık yakalandığı hastalık sancılarına neden olan gerçekleri açıklarmışçasına sözlerine devam etti:

"Farkında olmadan kendinden hastalık isteyen birçok insan var evrende. Sürekli kendisini hasta hisseden, bu konuda kendini olumsuz düşüncelerle koşullandırmış insanlar...

Hiçbir hastalığı olmadığı halde, zihnini hasta olmaya programlayarak farkında olmadan kendilerini hasta eden milyonlarca insan...

Beyaz önlüklülerin karşısına geçip rahatsızlık duydukları konuda çeşitli tahliller yaptıran bu insanlar, aldıkları olumlu sonuç üzerine şaşkınlık yaşıyorlar.

Kendilerini hasta olmaya o kadar çok koşullandırmışlar ki, sonucunda, 'Nasıl oldu da bu tahliller olumlu çıktı?' gibi soruları kendilerine sorabiliyorlar. Sizler kendinizden ne isterseniz onu alacaksınız, hastalık düşleyen bir insan sonucunda o hastalığı yaşayacaktır, fiziki olarak bunu yaşamasa bile psikolojik olarak bu hastalığı ruhunda hissedecektir."

Sonrasında öğütlerine kaldığı yerden devam etti:

"Sen, kendinden sadece güzel olanı iste ve ne istediğini bilerek yaşa sana ait dünyanda. Bırak yarınları beklemeyi, sadece bulunduğun anı yaşa! Bir gün o yarınlar senin için gelmeyi bırakacak. Gözlerini kapattığında bu yaşama, diğerleri yarına kalma savaşımı içinde devam edecekler kurgulara.

İnsanları mutlu etmeye çalışma, çünkü kendini mutlu

etmeden onları da edemezsin. Sahip olmadığın bir duyguyu başka kimseye verme şansın yok, olmayanı paylaşamazsın!

Sen, öncelikle kendini sev! Bu asla bencillik değildir. Bu, yaşamında gerçek huzuru yakalamanın tek yoludur. Unutma, sende olmayanı, yüreğinde hissetmediğini bir başkasına da veremezsin!

Güçlüsün sen, çok güçlüsün, her ne kadar sana bugüne kadar başarısızsın deseler de aldırma onlara. Başarısızlık sana ait değildir o asla varlığa ait olamaz, varlığını hisset, varlık hasta ve başarısız olamaz!"

Sözlerinin burasında durup derin bir nefes aldı ve hayatıma anlam katmam için gerekli bilgileri zihnime depolarmışçasına devam etti sözlerine:

"Hiçbir şey senin zihninin temiz kalması kadar önemli değildir! Bir anda her şeyi bırak ve kendine çok kısa bir boşluk ayır.

'Zihnimi boşaltmak, olumsuzluklardan arınmak ve yeni bir ben olmak için ne yapabilirim?' diye sor bu küçücük boşlukta kendine. Kendinden yeni bir sen olmayı iste... Sonra bırak her şeyi zihninden akıp gitsin... Zor olduğunu sakın söyleme bana; çünkü zoru sen var ettin, kolayı da var edebilirsin!"

Onun bu sözlerden sonra eski düşüncelerimin üzerine yenilerini kaydediyordum ki ellerini omuzlarıma koyup, beni tüm yüreğiyle cesaretlendirircesine, "Sen, sen olduğun için özelsin! Yaratıcı senin burada olmanı istediyse onun mutlak bir bildiği vardır, o senin şu an burada, evrenin bu noktasında olmanı uygun gördü. Milyonlarca sperm arasından o seni seçti ve o sana kendi ruhundan verdi. Unutma ki senden başka bir sen daha asla olmayacak!.." dedi.

O an tek hissettiğim, ayaklarımın altından bileklerime, oradan bacaklarıma ve tüm vücuduma yayılan muhteşem bir olumlu akımın etkisinde olduğumdu.

Bilge Varlık bir anda ellerimden tutarak "Enerjini hissedebiliyorum..." dedi ve ardından "Şimdi bu güzel enerjiyi evrene haykırma, diğer insanlara da gönderme zamanı" diyerek beni tekrar dağın tepesindeki en uç noktaya doğru götürdü.

Dağın doruğuna geldiğimizde, insan topluluğunun temel sıkıntılarının nedenini anlatırmışçasına "Evrene, her saniye yayılmaya devam eden ve sonu olmayan olumsuzluk dalgaları var. İnsanların kara düşünceleri durmaksızın gökyüzünü kaplıyor ve diğer masum insanlar farkında olmadan bu olumsuzluk dalgalarıyla örtünüyorlar.

Sen şu an ender insanların yaşadığı bir duyguyu iliklerinde hissediyorsun. Bu olumlu dalgaları evrene yaymak senin en büyük görevin artık! Sen bu dalgaları gökyüzüne gönder ki, diğerleri de bunu hissetsin.

Şimdi sana söyleyeceklerimi peşimden tekrarlamanı ve bunu yaparken tüm yüreğinle söylediklerine inanmanı istiyorum" dedi.

"Kesinlikle" diye karşılık verdim ve artık hazır olduğumu belirttim.

Ve kollarımı gökyüzüne doğru açarak tüm evrene haykırdım:

"Bugüne kadar bana yazılmış olan senaryodaki ezik, çökük, kendine güvensiz, ilgiyi ve sevgiyi diğer dünyalarda arayan rolümü bırakıyorum. Bu rol beni mutlu etmedi ve bundan sonra edeceğine de hiçbir inancım kalmadığı için tüm zihnimden de siliyorum.

Bundan sonra kendime yeni bir senaryo yazacağım!

Bu filmin senaristi de yönetmeni de benim. Bundan sonra kendi kurallarımla oyunuma devam edeceğim...

Bu senaryoda, kendini çok seven, hayatla barışık, başarılı

olacağına inanan ve özgüveni yüksek bir insanı canlandıracağım.

En önemli değerim, zihnimin temiz kalması olacak. Etrafımdaki bütün gereksiz varlıkları kendi dünyalarına geri göndermek, bu roldeki en önemli görevlerimden birisi artık ve bunu sevgiyle yapacağım.

Bugüne kadar birçok acı yaşadım, üzüldüm. Sonra çözümler buldum acılarıma, ama günler geçtikçe ben acılarımı unutmadım! Unutamadım! Acılarıma geri döndüm çoğu zaman. Onları, geçmişte bırakmayı seçiyorum artık. Onları yaşamam gerektiği için yaşadım ve artık bırakıyorum. Onlar yüreğimi büyütmek için beni ziyaret eden konuklardı ve artık gittiler.

Yaşamın bir gizem olduğunun artık farkındayım ve ona formül ve kuramlar aramıyorum. O yaratıcının bana armağanı ve o istediği için şu an buradayım.

Yaşamın dikenini, mutsuzluğu, acıyı, stresi, öfkeyi ve diğerlerini kabul ediyorum, böylece bütünü kabul etmiş oluyorum. Bütünü kabul ettiğim için ilahi bir güç kaplıyor tüm varlığımı. Bataklığa dokunsam bile yıldızlara dokunduğumu hissedebiliyorum, hepsinin gizli bir zincirle birbirine bağlı olduğunu ve bu şekilde bir aileyi oluşturduğumuzun farkındayım.

Yaşamı izleyebiliyorum ve eşsiz bir koku tüm hücrelerimi sarıyor, bu yaşamın kokusu sevgi ve onu çok net hissediyorum. Olanları sevgiyle kabul ettiğim için yaşamın kokusunu duyumsayabiliyorum ve sevginin kendisi oluyorum.

Ben kendim olduğum için güzelim. Tıpkı bir çiçek gibi... Ötüşen kuşlar gibi... Rüzgârın şarkısı gibi... Varlığımı hissetmem yeterlidir ve ben kendi varlığımı hissettiğim sürece güzelim."

Bilge Varlık, bu son sözcükten sonra duraksadı ve gözlerimin içine bakarak hedefine ulaşmışçasına "İşte parlıyorlar..." dedi. "Çocukluk günlerindeki gibi gözlerindeki ışıltı tekrar geri geldi!"

Bunu ben de hissediyordum. Sıcacık duygular kaplamıştı ruhumu...

Ruhumdan bedenime süzülüp akan, oradan gözlerime ulaşıp gözbebeklerimdeki ışığın parlamasını sağlayan düşüncelerime daldığım sırada, Bilge Varlık, "Önemli olan o parlamanın kalıcı olmasıdır" diyerek, bütün düşüncelerimi bir kez daha altüst etti. "Bu sözlerin şimdi zamanı mıydı?" dercesine yüzüne baktığımda "Eksikler var" dedi ve ekledi:

"Yapman gereken ve yaşamındaki eksiklere çözüm bulmanı sağlayacak an şimdidir! Başka bir zaman yoktur, sadece şimdi vardır ve aldığın soluğunu hissettiğin an, şimdinin belirtisidir.

Hâlâ korku ve kaygıların var; onlar zamanla gözlerindeki ışığı söndürecekler."

Bilge Varlık bu sözlerinden sonra biraz duraksadı ve darmadağın olan zihnimi toparlamamı bekledi. Birkaç dakika sonra hazır olduğumu hissedince, sözlerine beynimin içinden sesleniyormuşçasına devam etti:

"Sen bir avukatsın. Suçluları ve suçsuzları savunuyorsun, fakat mesleğini severek yapmıyorsun, bu yüzden de çoğu zaman başarılı olamadığını düşünüp dünyanı zindana çeviriyorsun."

Ardından beni suçlarcasına bağırdı:

"Tüm bunların tek nedeni var; seçim hakkının farkına değilsin! Avukat olmayı sen istemedin, avukat olmayı isteyen ailendi ve sen onları mutlu etmek adına istedikleri eğitimi alarak avukat oldun. Ailenin kabul gördüğü işi seçmeye koşullandırıldın. Bu ailenin yaşamı oldu, sen kendi adına onların hayatını yaşamaya başladın. Yaşadığın hayat senin değilse, sen hiç yaşamıyorsun demektir!"

Ardından, net bir ifadeyle "Sakın başarılı bir işadamıydım diye düşünme! Sen, bazı şeyleri zihninle başarmış olabilirsin, ama orada yüreğin yoktu!" dediğinde düşüncelerim yine altüst olmuştu!..

Bilge Varlık kendimi toplamama izin vermiyordu...

Ne zaman bir çıkış yolu bulduğumu düşünüp içimi huzur kaplasa, Bilge Varlık hemen araya giriyor ve bir şeyler söyleyerek huzurumu dağıtıyordu. Bu duygular içinde Bilge Varlık'ın yüzüne sert bir ifadeyle baktığım sırada, gözlerime odaklanmış şekilde güldüğünü fark ettim.

Nedenini soramıyordum bu gülüşün, vardır bir bildiği diye düşünerek iç geçirdim sadece...

"Ben senin huzurunu bozmak için değil, tam aksine bozulmasına izin verdiğin huzurunu yeniden kucaklaman için buradayım!" diyerek tekrar söze başladı. Sonrasında beni suçlarcasına, "Ama sen gerçeklerden kaçıyorsun, çünkü gerçekler sana acı geliyor, bir tokat yemişsin gibi canını yakıyorlar. Her defasında savunma mekanizmanı devreye sokuyorsun, olanları reddetmekle kendini yaşama kapatıyor ve bu yüzden kendi derinliğine inemiyorsun. Kulaktan dolma bilgilerin var ve onları kendi doğruların olarak benimsemişsin. Yüzeydesin, çok yüzeyde ve dışarıda kaldığın sürece gerçekleri ıskalarsın! Sadece kendin gibi davranman kâfidir! Yaşamın gerçeklerini kabullen, yaşam gerçeklerden kaçarak değil, onların içindeki mucizeyi hissettiğinde anlam bulur. Baktığından öteye bak, daha derine, daha ileriye, daha içeriye; o zaman göreceksin. Yaradan'ın yarattığı her şeyde bir mucize olduğunu fark edeceksin!.. Sana sunulanları değiştirme gücüne sahip olmadığını, ama onları bakış açınla farklı boyutlara taşıyabileceğini unutma. Gerçeklerden kaçmak demek, yaşamdan kaçmak demektir ve yaşamdan kaçamazsın. O aldığın her solukta var olacaktır, ondan nasıl kaçabilirsin? Önemli olan yaşamın sana sundukları değil, senin olanlara kattığın anlamdır.

Maskeni bir kenara bırak ve kendin ol! Sadece kendin, o zaman uyanacaksın!

Ve şunu aklından çıkarma: Her duygunun senin dünyana bir geliş nedeni vardır. Onlar sana bir şeyler anlatmak için geldiler, senin için Yaradan tarafından gönderildiler. Sana farkındalık katmak için buradalar. Yaşamı daha iyi izleyebilmen için onlar sana sunulmuş bir şanstır ve o şansları değerlendirmek yerine sen onlardan kaçıyorsun. Yaşamdan kaçamazsın!

Bazen çok fazla yorulduğunu hissediyorum, sen de hissediyorsun bunu. İşte o yorgunluk nedensiz kaçışlarından geliyor. Kendin olamamaktan, kendini kabul etmemekten kaynaklanıyor. Gerçeklerden kaçarak sürekli enerji kaybediyor ve yorgun düşüyorsun.

Maskeni çıkar!" dedi.

Bu son haykırışından sonra gözbebeklerimin içine odaklanarak "Seni yorgun kılan yaşam değil, taşıdığın maskelerdi!" diyerek sertçe atılmış bir tokadın acı sıcaklığını yüzümde hissederek silkelenmemi sağlıyordu.

Onun bu sözlerin ardından yeniden yüreklenmeye başladığım sırada, Bilge Varlık sanki çocukluğuma geri dönüyordu. Bana o günleri anımsatmaya çalışır bir tavırla, "Hatırlıyor musun? Sen çok küçük yaşlardayken kimseyi umursamaz, sadece kendi bildiğini okurdun. Düşüncelerin seni hedeflerine net bir şekilde odaklar ve sen o hedefine engel tanımadan ulaşırdın. O zamanlar sözcük dağarcığında 'kazanamam, yapamam, başaramam' gibi zehirli sözcükler yoktu!

Sen, kendi başına yürümeyi ve konuşmayı öğrendin.

Çünkü sen o zamanlar varlığının özünü hissediyordun. Yüreğindeki sevgiyle bütünleşmiştin. Sen dünyaya aydınlık geldin, aydınlanmıştın ve toplum seni kararttı! Sen çocukken yaşamın yıkıcı yanlarını benimsemiştin. Yaşam senin için hem yıkıcı hem de yapıcıydı. Düştüğün zaman yere dizlerin kanar ve sen aldırmaz ayağa kalkıp koşmaya devam ederdin. Her şey yaşamın içinde olması gibi işliyordu.

Sen olana tepki vermediğin için yaşamla birlikte akıyordun. Onu kabullenmiştin, sonra birileri çıktı karşına ve o küçücük bedenindeki kocaman yüreğine 'Bunu böyle yapma, şöyle yap. Eğer böyle davranmaya devam edersen bir daha seninle oynamayacağız. Bizim istediklerimizi yapmazsan eğer, seni sevmeyeceğiz' diyerek zehirler akıttılar beynine.

Önceleri seçim hakkının kendi ellerinde olduğunu çok net hissettiğin için dilediğini yapabiliyordun. Sonra çevrendekilerin seni sevmeyeceklerini düşünerek elindeki seçim hakkını başkalarına verdin. Kontrolü kaybettin. Yaşamın dümenini bıraktın ve önüne çıkan her duvara tosladın. İşte ondan sonra eski seni kaybederek, çareyi başkalarında arayan, kendini sürekli savunan ve hata kabul etmeyen, bunların ardından da korkak bir sen ortaya çıktı!

Korktun, çünkü varlığının özündeki sevgiyi hissetmemeye başladın ve şunu asla unutma: Senin bütün korkuların sevgisizlikten canlanır. Sevginin olmadığı yerde korkular, kaygılar başlar. O zamanlar seçim hakkını senden almışlardı, çünkü sen çok küçük ve savunmasızdın. Onlara yenik düşecek kadar küçük ve çaresiz...

Ya şimdi?

Şimdi sen büyüdün. O kocaman yüreğini artık geri alma zamanı gelmedi mi sence? Daha ne bekliyorsun yaşamı kucaklamak için?

Bırak artık başkalarından sevgi dilenmeyi, senin hâlâ kocaman bir yüreğin var ve aradığın gerçek sevgi orada! Sevginin yuvası yüreğin, sevgi orada yuva kurmuş ve senin ona dokunmanı bekliyor.

Sen artık çaresiz değilsin!

Mutluluk sensin. Onu başka yerlerde aramaya gerek yok, o varlığın özü, bunu tüm hücrelerinde hisset, aldığın her solukta duyumsa! O zaten sensin. Mutluluk ve sevgi bir araç değil, bir amaç da değil, onlar dışarıda değildir ve onu yüzeyde asla bulamazsın. O derinlerdedir, o senin derinliğinde!.." dedi.

Nutuk havasındaki sözlerini burada tamamladı ve kendimle kucaklaşmam için söyleyeceklerini tekrarlamamı istedi.

"Şu andan itibaren mutluluğun kaynağının varlığımda olduğunu duyumsayacak ve bu bilinçle yaşamıma devam edeceğim. İçimde sonsuz bir enerji aktığının farkındayım.

Çok küçük yaşlarda benden aldıkları seçim hakkımı şimdi geri alıyor ve yaşamı kucaklamaya izin veriyorum. Bana öğretilen bütün gereksiz kuralları sevgiyle zihnimden bırakıyorum. Zihnimdeki bütün zehirli sözcükleri, işe yaramayan çöp haline gelmiş, kokuşmuş duyguları ruhumdan ve bedenimden sevgiyle evrenin sonsuz boşluğuna gönderiyorum!

Kendi kusurlarımla yüzleşmekten kaçmıyorum. Yaşamın bana sunduğu her duygunun özüne iniyorum. Onların sözlük anlamlarını bırakarak her duygunun kendi içindeki saf enerji ve sevgisini görüyorum. Karşıma çıkan her duygunun içinde bir mucize olduğunun farkındayım ve baktığımdan daha öteye bakarak mucizemi kucaklıyorum.

Benden başka bir ben daha olmadığını aldığım her solukta duyumsuyorum.

Ben çok özel bir insanım; Yaradan istediği için burada olduğumun farkındayım.

Ben yüreği sevgi dolu bir insanım; çünkü bu benim varlığımın özü.

Maskesiz, saf kendim olduğum için rahat ve huzurluyum.

Ziyaretime gelen tüm duyguları sevgiyle kucaklıyorum. Yaşamın, tüm duyguların toplamından var olduğunun farkındayım ve bu farkındalıkla onu parçalara bölmeden kabulleniyor, yaşamla bütünleşiyorum."

Sonunda yemin törenim bitmiş ve tüm ruhum sevginin vermiş olduğu sıcaklıkla ısınmıştı. Bütün hücrelerimin sonsuz bir enerjiyle dolduğunu hissediyordum. Daha önce kendimi hiç bu kadar güneşe yakın hissetmemiştim!

Belki de uzun zamandır ilk kez bulunduğum anı fark ettim. İçsel sesime kulak veriyordum ve ilk kez aldığım soluğun farkındaydım.

Bunu daha önce neden yapmadığımı düşündüğüm sırada "Nedenleri düşünme" diyerek haykırdı Bilge Varlık ve ekledi: "Eğer nedenleri düşünecek olursan geçmişine takılı kalır, bugününü yaşayamaz ve aldığın soluğu tekrar hissedemez hale gelirsin. Yeni bir yaşam için geçmişe gitmene gerek yoktur, ne yapmak istiyorsan şimdi başla!"

İşte aradığım cevap buradaydı. Onun her bir sözcüğünde, aradığım cevapları buluyordum. Daha önce birçok defa kendime "Neden?" sorusunu sormuştum.

Bilge Varlık tekrar araya girerek "Evet" dedi, "daha önce nedenlere takılı kaldığın için cevaplar dünyasında olamadın. Sen karanlıkta kalmıştın ve karanlığa isyan ediyordun. Seni karanlıktan kurtaracak olan sadece ışıktır. Ve bunu birçok insan yapıyor. Onlar da senin gibi ışığa odaklanmak yerine karanlığa isyan ediyorlar, bu yüzden birçok insan geçmişinde yaşıyor." Sonrasında ses tonunu değiştirerek net bir şekilde, "İnsanların bu yanılgısı artık bitecek, çünkü sen dünyaya örnek olacak, fark yaratacak bir varlık olarak geri döneceksin!" diyerek bu sözleri önce ruhuma, oradan da beynimin en kutsal noktası bilinçaltıma bir motif gibi işliyordu.

Şimdi sorunlar dünyasından çıkarak cevaplar dünyasına geçme zamanı gelmişti. Her sorunun içinde kendi cevaplarını barındırdığının farkına varmıştım.

O an önce kendime, sonra da Bilge Varlık'a söz verdim. Şimdi yeni bir dünya kuracaktım kendime. Nedensiz ve geçmişime takılmadan yaşayabileceğim bir dünya. Beni ziyaret edecek her duyguyu farkındalıkla kucaklayacağım bir dünya...

O sırada "Şimdi yeniden doğuş zamanı, yaşam her gün yeniden doğar ve sen de her gün yeniden doğacaksın. Her solukta yeni bir sen olacaksın ve bu seni diri tutacak!" diyerek içimdeki kıvılcımın iyice ateşlenmesini sağlıyordu bilge dostum.

Ardından "Şimdi bu dağdan inerek, seninle birlikte yaşam boyutuna döneceğiz" diye ekledi.

Onun bu son sözlerini zihnimde bir kez daha süzdükten sonra şaşkın bir ifadeyle "Dünyaya benimle birlikte mi geleceksin?" diyerek sordum. Üstelik nerede, hangi dünyada olduğumuzu dahi hâlâ bilmiyordum!

"Senin bakış açına göre burası benim dünyam. Fakat sonrasında az önce sana söz ettiğim özde herkesin bir olduğunu anlayacaksın, ama onun zamanı şimdiki bu anda değil. Sana göre burası benim dünyam ve bunu şimdilik böyle kabul ediyorum, seninle birlikte, senin dünyana geleceğim" dedi ve bir öğretmen tavrıyla sözlerine devam etti:

"Senin dünyanda eksik kalan ve yüzleşmen gereken insanlar var. Şu an kendinle yüzleşmeni gerçekleştiriyorsun ve artık onlarla da yüzleşeceksin. Şimdi dünyana dönerek oradaki kaygılarınla kucaklaşacaksın."

Bu sırada biraz duraksadı. Şefkatli bir ses tonuyla "Meraklanma" dedi, "ben senin yanında olacağım, ama beni senden başka kimse hissetmeyecek, göremeyecek. Yalnız sen istediğin zaman beni hissedebileceksin, çünkü orası senin içsel dünyan ve senin dünyanda sadece senin izin verdiklerin gerçekleşir. Tıpkı bugüne kadar beni görmek istemediğin gibi!.." dedi.

Son cümlesiyle bana bir şey ima ettiğini hissettim.

"Madem orası benim dünyam ve sadece benim isteklerim gerçekleşiyor, neden seni çağırmadan karşıma çıktın?" diye sorduğumda, "Nedenlerini unut" diye bağırdı. Sonrasında sesini biraz alçaltarak, "Sen beni istemedin, haklısın. Fakat bana ihtiyacın olduğunun zamanı geldiğini düşündüğüm için buradayım. Aslında bunu yıllar önce gerçekleştirmeliydim, sen henüz çocukken...

Senin karşına çıkmak için çok uzun yıllar bekledim bugüne kadar. Bana seslenmeni, beni fark etmeni istedim. Sonunda seni kendi dünyama çektim!" dedi.

Arkasına dönerek bu kısa duygusal konuşmanın havasını dağıtırcasına, "Hadi artık, zamanı geldi. Şimdi orada en çok zaman geçirdiğin yere gidiyoruz seninle" diye seslendiğinde "Ofisime mi?" diye sordum.

"Evet" dedi. "Bana ihtiyaç duyana kadar yanında olmayacağım, ama seni her an gözetleyeceğimi unutma" diye ekledi.

Bu, şimdiye kadar öğrendiklerimin bir sınaması olmalı diye düşünerek kendi dünyama doğru yol aldık.

Birkaç saniye sonra çalışmış olduğum hukuk bürosunda buldum kendimi. Her şey eskisi gibiydi. Çalışma arkadaşlarım, ofis eşyaları ve otoriter patronum. Masamın dizaynı, konuşurken sesimin kopuk kopuk gitmesinden şikâyet ettiğim bozuk telefonum bile... Hiçbir şey değişmemişti!

O an bir ses duyumsadım. "Sandığın gibi değil" diyordu bana. "Aksine çok şey değişti. Sen yeni bir sen olma yolunda ilerliyorsun. Üstelik anbean yeni farkındalıklar ediniyorsun. Değişimi fark et!" diyordu bu ses kulaklarımda çınlarcasına.

Bilge dostum olmalıydı bu. Yanımda yoktu, ama onun yakınımda bir yerlerde olduğunu ve her an karşıma çıkabileceğini biliyordum.

Sanki uzun bir yolculuğa çıkmış ve geri dönmüştüm. Bu duygular içinde arkadaşlarımın beni kucaklamalarını beklerken, onlar ise sadece kuru bir "günaydın" demekle yetinmişlerdi bana.

Ama artık bütün bu duygulardan sıyrılıp işime devam etmeliydim. Bitirmem gereken dosyalar vardı, çok çalışmalıydım. Belki bu gece mesaiye bile kalabilirdim. Aslında bana zor gelen işler değildi. Asıl zorluk, otoriter patronumun tavırlarıydı.

Arada bir bağırması, terslemesi...

Ben bağlı bir avukattım ve ona karşı taşıdığım bu olumsuz duygularım bütün çalışma şevkimi bir anda kırıyordu. Bilge Varlık haklıydı. Ben bu işi ailemin zoruyla seçmiştim!

Sahi ben kimdim?

Başkalarının bana biçtiği bir rolün kimliğini mi benimsemiştim?

Her an değiştirebileceğim maskelerim mi var?

Ben kimim?

Küçük bir iç geçirmeden sonra tekrar irkildim.

Geri dönüşü var mı bilmiyorum, ama bana verilen bir sorumluluk vardı ve o sorumluluğu yerine getirmek istiyordum.

Dosyalara dalmış çalıştığım sırada, patronumun tepeme dikildiğini fark ettim. Birkaç saniye ne yaptığıma baktıktan sonra, "Bunları bugün hallet, gerekirse mesaiye kal!" diye sert bir tavırla seslendi ve arkasını hızla dönerek odasına gitti.

Yine kızgınlık ve işime karşı iştahsızlık nöbetleri başlıyordu ruhumda...

Sanki o söylemese ben işlerimi halletmeyecektim. Sanki o söylemese ben mesaiye kalmayı düşünmeyecektim.

Masamda yığılı duran dosyaların üzerinden, kızgın düşüncelerle dolup taşmış başımı kaldırarak arkama doğru yaslandım ve derin bir nefes aldım.

İçimden hiçbir şey yapmak gelmiyordu. Sadece düşünüyordum, "Nedir bu çektiğim, neden huzurum yok bu işyerinde?" diye söylenerek...

O sırada bilge dostumun sesini duyumsadım. Bana "Nedenleri bırak, şu an yapman gereken tek şey, sorunun içindeki cevaba odaklanmak. Karanlıktasın, git ve ışığı aç!" diyerek sesleniyordu yakınlarda bir yerden.

Onunla gizli gizli konuşmaya başladım:

"Bana yol göster."

"Aradığın her sorunun cevabı yüreğinde!" diye karşılık verdi. "Sadece cevapların orada olduğuna inan, bu seni cevaplarla buluşturacaktır."

O arada yan masadaki meslektaşım yanıma gelerek, "Az önce patronun sana söylediklerini duydum. O gittikten sonraki yüz ifadeni bir daha unutamam. Bir görebilseydin kendini... O an ayağa kalkıp dosyaları kafasına atacağını düşündüm" dedi ve kendisine yan masadan bir sandalye çekerek yanıma oturdu.

Ve oturduğu gibi de "Şimdi ne yapmayı düşünüyorsun?" diye bir soru yöneltti bana.

"Uğraşmak istemiyorum kimseyle" dedim. "Artık düşünmek de istemiyorum!"

"Bana böyle davransaydı haddini bildirirdim" diyerek kendi fikrini söyledi.

İsyankâr bir tavırla, "Nasıl bir insan bu böyle?.." diyerek meslektaşıma dert yandığım sırada, Bilge Varlık'ın sesi beynimin içinde kükremiş ve bir anda düşüncelerimi dağıtıvermişti:

"Bırak artık kişilerin arkasından konuşmayı. Bu şekilde bir yere varamazsın! İnsanları konu alan konuşmalar, şikâyetler ancak boş vermiş, güçsüz ve zavallıların seçimidir."

Bilge Varlık'a, sihirli lambanın içinden çıkan cinden son üç arzumu istercesine "Şu an için bana bir çözüm yolu sun" diye seslendiğimde, "Aradığın her sorunun cevabı yüreğinde!" diyerek az önce söylediklerini yineledi.

Ardından "İçindeki potansiyeli unutma! Sen koca bir dağı yerinden oynatmaya çalıştın. Şimdi de kendinden dilediklerini talep et ve sana yol açsın. Unutma seni sınırlayan düşüncelerinden başka bir şey değildir" dedi. Onun bu sözleri bütün hücrelerime motivasyon yüklüyordu adeta.

O an ayağa kalktım ve meslektaşlarımın şaşkın bakışları arasında patronumun odasına doğru emin adımlarla ilerledim. Şimdi kapının eşiğindeydim. Kapıyı tıklatmadan bir anda içeri daldım. Onu, masasının üzerine ayaklarını uzatmış, gözlerini ise masasın üzerindeki bilgisayar ekranına dikmiş oturur vaziyette gördüm. Belli ki yine borsayı takip ediyordu. Odasına girip birkaç adım ilerledim. Hâlâ aynı konumdaydı, istifini bozmadan gözlerini bilgisayar ekranından çevirerek benim gözbebeklerime odakladı. Hiç ses yoktu, "Ne istiyorsun?" dercesine bakıyordu sadece...

Bir anda yine ürkmeye başlamıştım. Az önce hücrelerime doldurduğum motivasyonun gücü bir anda nereye gitmişti ki? Tek bir sözcük bile konuşmadan sadece bakışıyorduk... Ardından patronum, "Bu akşam mesai var, unutma! Ve ne istediğini söyleyip işlerinin başına dön bir an önce" diyerek suskunluğunu bozdu.

O an omuzlarımın çöktüğünü hissettim yine. Gözlerim bir anda patronumun gözbebeklerinden ayrılmış, ayakkabılarımı izlemeye dalmıştı boş düşünceler içinde. Tam dilimin tutulduğunu düşündüğüm sırada, bilge dostum imdadıma yetişerek, "Karınca olup ezilmeyi seçiyorsun! Böcekten farkın yok. Bir daha seni ezdikleri zaman sakın bundan kimseye yakınma, çünkü buna sen izin veriyorsun" diyerek ruhumu ateşledi.

Ardından, kulağımın kokleasına girip "Karşındaki sadece bir insan ve sen ona güç vermezsen o kendinde sana üstünlük kuracak gücü bulamayacaktır! Gücü senden alıyor, dikkat et" diyerek beni uyardı.

"Ya iş bulamazsam, ya sonradan pişman olursam?" diye sordum Bilge Varlık'a.

Az önce beni tatlı tatlı motive eden ses tonu kaybolarak yerini gürleyen bir ses tonlaması aldı:

"Yaşamına anlam katmak isterken korkularını ve pişmanlıklarını da bulunduğun ana taşımaktan vazgeç artık! Anlam yolculuğunda ilerlerken zihninin içinde ya başarı, sevgi ve güç canlı durumda olacak ya da korku ve kaygıların... Her ikisini birden seçemezsin. Şimdi bir karar ver!" diye söylendi.

"Kim olduğunu öyle bir haykır ki, evren önünde diz çöksün!"

Ve onun bu son sözü bir yarış atını hızlandıran kamçı niteliğindeydi.

O an kambur rolü oynamayı bırakarak sırtımı dikleştirdim. Ardından aşağılarda sürünen omuzlarımı kaldırdım ve bakışlarımı yerden çekerek patronumun gözbebeklerine kararlı, cesur bir askerin bakışıyla odakladım.

Aman Allahım, gördüklerime inanamıyordum!

Yaklaşık üç dakikadır istifini bozmadan rahat bir tavırla karşımda duran insan, bir anda ayaklarını masadan indirip ayağa dikilmişti.

Ona güç vermeyecektim. Artık bunu çok iyi biliyordum. Güç bendeydi ve istediğim zaman bende kalacaktı. Artık bir köle rolünü üstlenmeyecektim, çünkü ben kral olmayı seçiyordum...

Ona tam sertçe çıkışacağım vakit, Bilge Varlık düşüncelerimin arasına sızarak, "Sakın bağırma" dedi. "Sadece ona her şey için teşekkür et. Bugüne kadar sana kazandırdığı farkındalıklar için ona minnet duyduğunu söyle! Ona, şu ana kadar kızgın olduğunu, ama artık sevgiyle bu kızgınlığından vazgeçtiğini ve kendisini sevgiyle hayatından çıkardığını söyle..."

Bilge Varlık'a inancım sonsuzdu artık. "Buraya kadarmış... Bugüne kadar bana kazandırmış olduğunuz farkındalıklar için size teşekkür ediyorum. Ama artık sizi kendi dünyamdan çıkarıyorum. Sizin kendi dünyamdaki görevinize son veriyorum ve şimdi sizi dünyamdan sevgiyle uzaklaştırıyorum" dedim ve odasından hızla çıkarak masamın başına geldim.

Kendime ufak bir kutu ayarlayıp, yine arkadaşlarımın şaşkın bakışları arasında özel eşyalarımı topladım.

Meslektaşlarıma her şey için teşekkür ederek oradan uzaklaştım.

Tek bir sözcük bile etmemiştim ayrılırken arkadaşlarıma... Bunun bir anlamı da yoktu zaten. Artık kişiler hakkında konuşmayacaktım çünkü...

Şimdi kendime yeni bir iş bulma zamanıydı. Bu konuda hiç vakit kaybetmek istemiyordum. Sorumlu olduğum bir ailem vardı ve onlara bakabilmem için para kazanmam gerekiyordu.

Günlerce "Nerede çalışabilirim?" diye düşündüm. Gazete sayfalarında kendime yeni bir iş arayıp durdum, ama her defasında geri çevrildim. İş bulmak gerçekten zordu!

Yaşamım yeniden zorluklarla dolmaya başlıyordu. Üstelik uzun zamandır bilge dostum da kayıptı. "Bu zor zamanlarımda neden yanımda yok ki?" diye düşünürken bir anda enseme doğru fırtına gibi esen nefesini hissettim.

Sitem eder bir şekilde, "Hâlâ nedenleri düşünüyorsun" diyerek uzun süren sessizliğini bozmuştu.

Ona, bunca zamandır nerede olduğunu sorduğumda, yine sitemkâr bir tavırla "Hâlâ hissedemiyorsun değil mi?" diyerek gözlerini yorgun düşmüş bedenime dikti.

Çokbilmiş bir şekilde "Hissetmeseydim eğer, şu an yanımda olamazdın" diye cevapladım.

Gülmeye başladı ve "Haklısın" dedi. "Özür diliyorum, bu sefer sana haksızlık ettim galiba."

"Önemi yok..." dedim. "Artık yanımdasın ya..."

Birlikte gülüştük...

Neşem yerine gelmişti. Onun yanımda oluşu bana gerçekten büyük huzur veriyordu. Yıllarca kendime gerçek bir dost aramış, ama bulamamıştım. Bugüne kadar yüzlerce arkadaşım ve bana dostum diyen insan olmuştu, ama benim tek bir dostum bile yoktu. Sadece, insanlara samimi ve sıcak bir dostluk verdiğimi hissetmekle kalmıştım Bilge Varlık'la tanışana kadar...

Şimdi benim de bir dostum vardı. Ona dostum diyebiliyordum; çünkü benden hiçbir beklentisi yoktu. Sadece verici olmanın hazzını yaşıyordu. Benim için gerçek dostluk buydu işte. Beklenti içinde olmadan yüreğime seslenmek... Üstelik düşüncelerime de ortak gibiydi... Sanki içinde bir ben daha vardı!

Benden bir parça olduğunu, bana tekrar duyumsatırcasına, "Aramızda bir fark yok" dedi. "Senin gözlerinde ışık varsa bende de olacaktır. Sen karanlıksan ben de karanlık kalacağım, sen aydınlanınca ben de aydınlanacağım! Çünkü..." dedi ve sustu.

Anlaşılan kimliğini yine belli etmeyecekti. Onu bu şekilde kabullenmiştim aslında. Ondan öğrendiğim birçok şeyden en önemli olanı da buydu: kabullenmek...

Üstelik bir insanın kimliğinin değil, kişiliğinin önemli olduğunun da farkındaydım artık. Bu farkındalık düzeyinde bulunmak kendime güvenimi sağlıyordu.

Bilge dostum bir anda araya girdi:

"Az önce söylediğin söz" dedi. "Beklenti içinde olmadan paylaşımda bulunmak! İşte gözlerine ışık veren ve onların bir mücevher gibi parlamasını sağlayan en büyük etken bu. Paylaşmak, var olmanın muhteşem hafifliği ve huzurunu hissetmektir" diyerek yüreğime anlamlı bir not bıraktı. Yaşamım boyunca unutmamam için çok önemli bir ayrıntıyı bana sunmuş oldu.

Ardından büyük bir hevesle "Seni bir yere götüreceğim şimdi" dediğinde, onun bu hevesini kırarcasına, "Hayır" dedim. "Seninle gelemem, çünkü kendime bir iş aramalıyım. Boşa harcayacak bir dakikam bile yok!"

Az önceki şefkatli ses tonunun yerini bir anda gürleme alarak, "Asıl burada iş aramakla zamanını boşa harcıyorsun. İş aramak, kendine güveni olmayan insanların seçimidir. Kendine güvensizliğinden başkalarına yönelmek ve onların başarıları-hedefleri için koşturmaktır. Senin boşa harcayacak zamanın yok!" diye haykırdığında, sözleri bedenimi delmiş ve oradan ciğerlerime ulaşmış bir mızrak gibiydi.

Ardından "Şimdi beni izle!" diyerek üzerimdeki hâkimiyetini yeniden ele aldı.

Ona karşı nedense baskınlığımı uzun süre koruyamıyordum, ne yaparsam yapayım benden çok daha güçlüydü...

Uzun bir yürüyüşten sonra küçük bir kasabada bir lokantanın önünde durduk. Çatısında kırmızımsı kiremitlerin bazılarının eksik olduğu, diğerlerinin de gelişigüzel sıralandığı gözümden kaçmıyordu. Lokantanın girişi biraz yüksekti. Giriş kapısına ulaşabilmek için birkaç merdiven çıkmak gerekiyordu.

Üstelik dışarıdan bakıldığında içerisi, ancak birkaç insanın oturabileceği donanımdaydı. Hatta masaları da görebiliyordum. Bir elin parmaklarını geçmeyecek kadar az masa gözüme ilişmişti. "Böyle bir yerde yemek mi yenir?" diyerek dudak büktüm.

Ama asıl dikkatimi çeken, dükkânın önünde insanların oluşturmuş olduğu kuyruktu. Etrafıma bakınıp birkaç lokanta daha olduğunu gördüğümde, şaşkınlığım da bir kat daha artıyordu. Üstelik diğer lokantalar çok daha güzel gözükmesine rağmen boştu!

Beni buraya niye getirdiğini sordum bilge dostuma. Net bir şekilde, "Peşinde koştuğun paranın gerçek anlamda ne olduğunu anlaman için" dedi.

Kafamın içinde uçuşan merak dalgalarının etkisinde kalan bir ses tonuyla hesap sorarcasına, "Peki, etrafta o kadar boş lokanta varken, bu insanlar burada neden sıra bekliyorlar?" dedim.

"Bu lokantanın yemeklerini kasaba halkı çok özel buluyor" dedi. "O yüzden ne pahasına olursa olsun, yemeklerini burada yemeyi seçiyorlar."

Bunları konuşurken sıradaki yerimizi de almıştık. Yaklaşık on beş dakikalık bir bekleyişin ardından sonunda lokantanın içine girebilmiş ve masamıza oturmuştuk.

Yorgunluğum masaya oturduğum anda geçmeye başlamıştı. Keyfim de yerindeydi, lokanta sahibi yanımıza gelerek ne yemek istediğimizi sorana kadar...

Burada mönü yoktu ve ben ne isteyeceğimi kestiremiyordum. "Neler var bize sunacağınız?" diye sorduğumda, lokanta sahibi, "Sıcak sulu yemeklerimiz var, bir de makarna çeşitleri ve ızgaralarımız" diye nazik bir şekilde cevap verdi.

Ben de geçiştirir bir şekilde ona, "Hiç fark etmez. Siz hangisi güzelse ondan getirin" dediğim sırada, Bilge Varlık bir anda ayağa kalktı. Gözleri sanki yuvalarından fırlayacakmış gibi kocaman açılmıştı.

Bu bakışların ardından gelecek sözlere hazırlıklı olmalıydım. Bir kez daha tüm bedenimin dağılmasına izin vermek istemiyordum.

Arkama yaslandım ve derin bir nefes alarak kendimi rahatlatmaya çalıştım. Bir yandan da "Onu bu kadar kızdıracak ne yapmıştım?" diye düşünüyordum. Kendimi Bilge Varlık'tan gelecek darbelere hazırlamaya çalışırken, lokanta sahibinin hâlâ sipariş vermemi beklediğini fark ettim.

Tam o sırada Bilge Varlık'ın tokat gibi gelen sözleriyle irkildim. "Fark eder!" diye bağırdı. Ardından sözlerine aynı kızgın ifadeyle devam etti:

"Hem de çok fark eder, Seçeceksin!.. Seçimini bir başkasına verdiğin an, gücünü de ona teslim etmiş olursun!.."

Şimdi sesi yeniden bir nutuk havasına bürünmüştü:

"Yapacağın seçimler senin yaşam biçimini oluşturur. Seçimlerin seni olumlu ya da olumsuz olarak etkiler, mutlu ya da mutsuz kılar. Bu hakkını bir başkasına bıraktığın an, bir ölüden farksız kalıyorsun. Çünkü ancak ölüler seçim yapamazlar! Sürünün içinde yaşamaktan vazgeç artık!"

Sözlerinin burasında durdu ve bana doğru eğilerek, yaşam felsefelerinden birini paylaşır gibi konuştu:

"Eğer sürüden ayrılmazsan, koyun gibi güdülmekten kurtulamazsın."

Hâlâ ayaktaydı. Kızgınlığı belli ki geçmemişti. O kocaman gözleriyle benim tavırlarımı süzüyordu.

Seçim dediği şey yaşamıma bu kadar nasıl etki edebilirdi? Ya son olarak söylediği...

Eğer sürüden ayrılmazsan bir koyun gibi yaşayacaktım...

Bu hataya yaşam yolculuğumda farkında olmadan yüzlerce kez düşmüş olmalıydım! Düşündüğümde, bugüne kadar bir sürü halinde gezdiğimi ve bunun hiç farkında olmadığımı duyumsadım.

Bilge Varlık bu sırada düşüncelerime tekrar sızarak, "Sürü birçok kez seni yalnız bıraktı yaşam yolculuğunda, fakat sen bunu fark edemeyecek kadar kendinden uzaktın! Sürüden her ayrılışında kendine dönmen için bekledim seni, ama sen ısrarla yeni bir sürü aradın kendine. Aslında aramasan da onlar karşına çıkacaklardı. Çünkü çevren, sürü halinde gezen varlıklarla doluydu. Kendini özgür hissetmediğin için nedensiz yere yoruldun yaşam yolculuğunda. Başında, seni yönlendiren hep birileri oldu ve sen bunu kabullendin. Sen kendi seçim hakkını hep başkalarına bıraktın!

Senin aslında parayla satın alınamayacak kadar büyük bir hazinen var, fakat bunun varlığından habersizsin!

Senin fark edemediğin binlerce güzellik var dünyanda, ama sen güzellikleri başka dünyalarda arayıp duruyorsun" dedi.

Bu sözlerinden sonra kısa bir soluk aldı ve sahip olduğum tüm bu olumsuzluk dalgalarını yaratan etkenin nedenini açıklarcasına, "Çünkü sen kendini sevmiyorsun!" dedi ve yerine oturdu.

Yaşam yolunda her an karşıma çıkarak, beni şaşkınlık içinde bırakacak kim bilir daha nelerle karşılaşacaktım. Tüm bunlara karşı kendimi hazır hissediyordum.

Birden benden siparişlerimi bekleyen adamın artık başımda olmadığını fark ettim. Etrafa biz göz attım ve onu tezgâhın arkasında yemekleri tabaklara koyarken gördüm. Kendisine baktığımı sezmiş olmalı ki o an başını bana doğru çevirdi. Küçük bir el hareketiyle onu masaya davet ettim.

Gelir gelmez "Kararsızdınız, o yüzden seçiminizi sonra yapacağınızı düşünerek yanınızdan ayrıldım" dedi.

Başımı sallayarak onu onayladım. Ardından kendime sulu bir yemek söyledim. Yanındaki patateslerinin de bol olmasını özellikle belirttim!

Bu arada seçim hakkımı kullanmış olmam Bilge Varlık'ın hoşuna gitmiş olmalıydı ki, bana imalı bir tavırla gülümsüyordu.

Ardından, "Şimdi yaşayan gerçek bir varlığa benzedin" demesi, düşüncelerimde onun tarafından tebrik edildiğim hissini yaratmıştı.

Sonrasında Bilge Varlık, "Gözlerini gördün mü?" diyerek hiçbir anlam veremediğim bir soru yöneltti.

"Kimin gözlerini?" diyerek cevap verdiğim sırada, "Adamın gözlerini" dedi ve "Gözlerindeki matlığı fark edemedin mi?" diye sorusunu yineledi.

Aslında onu mutsuz gördüğümü söyleyebilirdim. "Belki de çok yoruluyordur" diye cevap verdim.

"Yorgunluk değil..." dedi. "Sadece vermenin hazzını bilmiyor ve bunun için de paylaşmıyor."

"Etrafta bu kadar lokanta varken ve sadece burası bu kadar doluyken çok para kazanıyor olmalı" dedim.

Bilge Varlık sesinin tonunu yeniden yükselterek, "Hiçbir şey göründüğü gibi değildir!" dedi ve devam etti:

"Baktığından daha öteyi hâlâ göremiyorsun! Bazen para çok şey gibi gözükse de, her şey para değildir. Para, sadece bir araç ve sen onu kendini mutlu etmek adına kullanamazsın! İşte görüyorsun, adam parayı mıknatıs gibi çekiyor adeta, ama mutsuz..."

"Peki, ne yapmalı mutlu olmak için?" diye sordum bu kez merak içinde. "Belki de onu sen uyandırabilirsin" diyerek yüzüme baktığında Bilge Varlık'ın bana bir şeyler ima etmeye çalıştığını anlamıştım.

O sırada Bilge Varlık göz ucuyla arka tarafta bulaşıkları yıkayan genç kızı işaret ederek, "Şu bulaşık yıkayan kızı görüyor musun?" diye sordu. Neler düşündüğünü bilmiyordum Bilge Varlık'ın, ama beni her defasında şaşırtmayı başardığı kesindi.

"Evet, görüyorum" dedim derin bir nefes alarak...

"İşte, o bulaşıkçı kız lokanta sahibinin gözlerinde ışık saçmasına yardımcı olabilir" dedi.

Büyük bir şaşkınlıkla, "O sadece yanında çalışan bulaşıkçı bir kız, bunu nasıl yapabilir ki?" diye sorduğumda, bir kez daha, "Önemli olan insanların kimlikleri değildir, kimlik etikettir, o saf varlık değildir, herkes özde birdir, Yaradan tarafından eşittir!" diyerek sanki beni buz tutmuş bir gölün içine bırakmıştı. Titriyordum...

"Şimdi ayağa kalk ve lokanta sahibinin yanına git. Onun yüreğine verici olmanın ve paylaşmanın hazzının ne kadar önemli olduğunu fısılda. Ancak o zaman düştüğün o buz tutmuş gölden çıkarak ısınabilirsin!"

Ayağa kalktım ve ne söyleyeceğimi bilmeden adamın yanına doğru yavaş adımlarla yürüdüm. Yanına birkaç adım kala durdum. Yüreğimden gelen sesi ona aktarırcasına, "Gerçekten çok lezzetli yemekleriniz var; fakat hem yemekleri sizin yapmanız hem de lokantadaki müşterilerinizle bire bir ilgilenmeniz benim düşüncemde yorgun olduğunuza ilişkin bir izlenim bıraktı. Aslında bunları size söylemem belki de sizi kızdıracaktır, ama söylemezsem de kendimi kötü hissedeceğim."

Adam sadece yüzüme bakıyordu. "Çıkar artık ağzının içindeki baklayı" dercesine. Tüm cesaretimi topladım ve "Yanınızda çalışan bulaşıkçı kız..." diyerek arkasında bulaşıkları yıkayan küçük kıza bakışlarımı yönelterek kaşlarımı kaldırıp işaret ettim.

"Ne olmuş ona?" diye sordu.

Soluğumu tazeledikten sonra güçlükle "Bu güzel yemeklerinizin sırrını küçük kızla paylaşmanızın ve onun da sizin gibi harika yemekler yapmasının sizi biraz daha rahatlatacağını düşündüm" diyebildim.

Bu sözlerimin ardından Bilge Varlık'tan alıştığım şekilde sert bir cevap vermesini beklerken lokanta sahibi gülerek "Bunu çok isterdim. Aslında uzun zamandır aklımda olan bir düşünceydi bu, ama sadece düşüncelerimde kaldı. Bazen insanlar düşüncelerini uygulayabilmek için içlerindeki kıvılcımın alevlenmesini beklerler, sanırım benim içimdeki kıvılcım da sizin sayenizde ateş alacak!" diyerek beni şaşırtan bir karşılık vermişti.

"O halde kabul ediyorsunuz" dedim sevinçle.

"Evet, kabul ediyorum. Bunu yapmanın zamanı çoktan gelmiş geçiyordu bile..." dedi.

Sonrasında kendisine teşekkür ederek Bilge Varlık'ın yanına döndüm. Bilge Varlık bana "insanların içlerinde uyuyan bir kahramanın olduğunu ve o kahramanı uyandırması için genelde birilerinin gelip yüreklerine dokunmalarını beklediklerini" söyledi ve ardından ekledi:

"Tıpkı az önce senin yaptığın gibi..."

O sırada lokanta sahibinin içindeki uyuyan kahramanını uyandırdığım için kendimi mutlu hissetmeye başlamıştım ki, Bilge Varlık, "Ama önemli olan insanların içlerindeki kıvılcımı kendilerinin ateşlemesidir. Önemli olan o kahramanı fark ederek uyandırmak ve dünyada bir iz bırakmaktır. Bu, insan olmanın bir özelliğidir, ama bunu çoğu insan düşünemiyor" diyerek mutlulukla kaplayacağım zihnimi düşüncelerle doldurdu.

Aradan bir hafta geçmiş ve Bilge Varlık'la aynı lokantaya yemek yemek için tekrar gitmiştik. Kapıda her zamanki gibi kuyruk vardı. İnsanlar sabırsızlıkla içeri girmeyi ve karınlarını doyurmayı beklerken, benim gözlerim cama asılmış küçücük bir yazıya ilişmişti. Yazıyı okuyabilmek için sıradan çıkarak dükkânın giriş kapısına doğru yöneldim. Yazıyı güçlükle okuyabiliyordum, üzerinde şöyle yazıyordu:

"*Yemek tariflerimin sırrını sizlere vermek için cuma akşamı büyük salonda toplanacağız!*"

Sırama geri dönerken aklımda bu yazının neden bu kadar küçük olduğu sorusu vardı. Birkaç dakika bekledikten sonra içeri girebildik. Lokanta sahibi beni gördüğünde elindeki işi bırakıp yanıma geldi ve şöyle dedi:

"Sizin sayenizde beyefendi. Sizin sayenizde kendimi daha huzurlu hissediyorum. Size teşekkür ederim."

O an arkasında bulaşıkçı kızın mutlu bir şekilde yemeklerle uğraştığını gördüm. Ona, her zaman için gerçek teşekkürü kendi yüreğine bırakmasını söyledim. Çünkü o istemeseydi, buna izin vermeseydi, gözleri gülmeyecek ve bu kadar huzurlu olamayacaktı. Şu an gözleri gülüyorsa buna kendisi izin verdiği içindi...

Bu sözlerin ardından masama oturdum. Aklımda hâlâ

camda asılı yazının neden bu kadar küçük olduğu düşüncesi vardı. Bunu kim görüp okuyabilirdi ki?

Bilge Varlık anlam katamadığım o sezgisel yanını tekrar açarak, "Önemli olan yazının büyük ya da küçük olması değil, insanların o yazıyı görmek ve okumak istemesidir. Gül olduğu yerde açar, o kimseye gitmez, onu koklamak isteyen yanına yaklaşır ve koklar!" diyerek aklımdan geçen soruya da cevap veriyordu.

Birkaç hafta sonra lokanta sahibinin kurs verdiği büyük salonu kiralayarak, kasaba halkına yemeklerinin tariflerini sunduğunu duydum. Lokantayı küçük kıza bırakmış ve kendini sadece paylaşıma adamıştı...

Bilge Varlık'ın beni lokantacıyla tanıştırmasının ardından paraya olan düşüncelerimde farklı bir bakış açısı oluşmuştu. Kendimi para için bu kadar sıkmanın bana ruhumu daraltmaktan başka hiçbir etkisi olmadığını anladım. Sonuçta bugüne kadar düşünerek hiçbir cevabı bulamamıştım. Bilge dostumun da dediği gibi, bu sadece enerjimin dışarıya kaçmasına neden oluyordu. Çimen yeşermek istediği zaman yeşeriyordu, kar yeryüzüne düşmek istediği zaman onu kimse durduramıyordu. Akışa teslim olmak anlamlıydı ve bu beni oldukça rahatlatmaya başladı.

Lokantacının yaşamıma giriş nedeni belki de buydu! Değerler listemde en başta bulunan paranın birkaç basamak aşağıya inmesi ve onun yerini; verici olmanın hazzının almasıydı...

Kendime kulak verdiğim bu sırada, Bilge Varlık'ın, "Değer listenin en başına zihnindeki tüm olumsuzlardan arınmayı koy!" diye seslenmesiyle irkildim.

"Temiz ve dingin bir zihne sahip olmadan, diğerlerini değerler listene katmanın bir anlamı yoktur" diye beni uyardı.

Ardından, "Değerlerin senin yaşam biçimini ve yaşama bakışını oluştururlar. Daha önce değer listende ilk basamakta para vardı ve o zamanlar kaygılı ve huzursuzdun... Sürekli düşünerek geçiriyordun günlerini. Boş boş düşünerek... Enerjini dışa akıtarak..." diye ekledi.

Bilge Varlık bir an duraksadı ve kısa bir soluktan sonra paraya olan düşüncelerimi zihnimden silercesine, "Senin kontrolünde olan şeyler, önce zihnindeki çöpleri temizlemek, sonra da varlığının özü olan sevgiyle bütünleşmektir; yaşam yolculuğundan emin olduğun tek şey sevdiğin fikrine varmandır, diğerlerinden emin olamazsın!.." diyerek yaşam felsefeme yeni bir boyut kazandırıyordu.

Ama aklımda bir çelişki de vardı. Düşündüm ve zihnimi arındırarak temiz tutmanın kendi kontrolümde olamayacağı fikrine vardım. Bu düşüncemi Bilge Varlık'a aktardığımda, az önceki bir öğretmeni anımsatan ses tonu bir anda üzerinden binicisini atmaya çalışan çılgınlaşmış bir atın kişnemesine dönerek "Bana bunların zor olduğunu sakın söyleme!" dedi. Sanki arka ayaklarının üzerine basarak şahlanmış ve ön ayaklarıyla beni ezmeye çalışan kontrolsüz bir beygir gibiydi.

"Zor olanı sen var ettin ve o, beynindeki hatalı bir program sadece!

Dışarıdaki insanlar senin dünyana girerek oraya zehirli düşünceler bırakmak isteyebilirler, ama bu dünya senin ve dünyanın kontrolü senin ellerinde! Bırak artık kendini küçük görmeyi. Sen koca bir dünyayı yönetiyorsun. Eski inançlarını bırak! Beyninin derinliklerinde bir başkasının seni üzebileceğine ve zihnini temiz tutmana engel olabileceğine ilişkin inançlar dururken huzura asla kucak açamazsın!

Unutma, senin en büyük değerin, zihnini temiz tutmaktır."

Bilge Varlık, az önce midemi tekmeleyerek spazma uğratan bir beygir kılığına bürünüp beni dağıtırken, şimdi de sözleriyle üzerime yumruk savurarak bir boksör gibi beni yere seriyordu.

Birkaç dakika sonra, yerlerde sürüklenen bu halime acımış olmalı ki, çok geçmeden ayağa kalkabilmem ve gerçek güce ulaşabilmem için bana hazırlamış olduğu bir reçeteyi okurcasına konuştu:

"Kendin olabilmek, varlığını hissetmek, başarabileceğin en kutsal ve anlamlı değerdir. Bu yaşamın sana bir defalığına sunulduğunun bilincinde olman yapabileceklerin hakkında kendinden emin olman adına önemli bir farkındalıktır.

Yaşamındaki keşkeleri kaldırma düşüncesi yerine, bugüne kadar olanları kabullendiğinde yaşamın farklı bir boyutuna kucak açmış olacaksın. Ona daha farklı gözlerle bakabildiğini göreceksin. Artık geçmişine takılı kalarak bütün enerjini boş yere dağıtmayacaksın.

Hata yapmaktan korkma! Bu kökleşmiş düşünce başarıya giden yolda seni sadece yolda bırakmaktan başka bir işe yaramaz! Denemediğin sürece neler başarabileceğini bilemezsin.

Unutma ki, insanların başarısızlık dediği şey, aslında başarıya uzanan yolda olması gereken çakıl taşlarıdır. Bu yol o taşlarla anlamlıdır. Taşı da sev, yolu da! Gülü de sev, dikenini de; çünkü onlar birlikte bütündürler. Başarı ve başarısızlık, mutluluk ve mutsuzluk... Biri olmadan diğeri anlamsızdır, ikisi aynı kapının farklı yöne açılan kanatları gibidir!

Ve kusursuz olmaya çalışma! Bu düşünce seni kendini sevmekten uzaklaştırarak başkalarından ilgi beklemeye yönlendiriyor.

Risk almaktan korkma! Korkman gereken tek şey yüce Yaradan'dır ve senin korkularının tek sebebi sevgisizliktendir; çünkü korku sevgisizlikten doğar.

Kendinle ilgili planlarını erteleme! Her şeyden önce sen gelirsin, unutma. Bu asla bencillik değildir. Tatmadığın, hissetmediğin ve sende olmayan bir şeyi başkasına verme şansın yoktur. Tatile git, eğlen. Eğer tatil yapacak imkânın yoksa senin düşlerin var. Bu sadece insanlara özeldir. Beyin gerçek ile düşü ayırt edemez, gözlerini kapatıp bir tatile yoğunlaştığında, orada yapacaklarını imgelediğinde, bu tatili gerçekten yaşamış gibi bütün vücudun rahatlayacaktır. Bunu yaparken tatilin tüm ayrıntılarını görmeyi unutma. Deniz, kum, şezlong, bikini, mayo, içecekler, açık büfe yemek kuyruğu ve neyi istiyorsan tüm ayrıntılarına kadar zihninde resmet, orada olduğunu göreceksin!

Zihin resimlerle çalışır ve sen gerçek bir tatile çıktığında o sadece resimleri anımsayacaktır. Bu yüzden resmi evde de imgeleyebilirsin. Oraya gitmen şart değil!

İleride 'yeniden başlayabilseydim yaşama şunları yapardım' diyerek bastonunu sağa sola vurmamak için bulunduğun anın içinde kal, sonra da yapmak istediklerini git ve yap!

Yapmaktan korkma, bu acı değildir. Asıl acı olan içinde bu kadar büyük bir potansiyel varken onun farkında olmadığındır!"

Bilge Varlık bu sözlerinin ardından kuruyan damağını yutkunarak biraz ıslattıktan sonra bir baba şefkatiyle "Kendine ne gibi bir iş kurmak istiyorsun?" diye sordu.

İçimden "Bu bir kaçık" diye düşündüm bir an. Bana ne iş kuracağımı soruyor! Düşünmeye başladım. Hakkımda her şeyi biliyorken, bütün düşüncelerime bu kadar sahipken, bana ne iş kuracağımı soruyor...

Bir an iç geçirmeyi bırakıp ona baktım. Nedense öfkeli bakışlarla süzüyordum gözlerini. O an dilimin ucuna kadar gelmişti, ama söyleyemedim. "Benimle dalga mı geçiyorsun?" diyemedim...

Sonra kendimi biraz toparlar gibi oldum ve imalı bir şekilde, "İş arıyorum henüz" dedim. Ardından, "Beni buralara getirmeseydin belki de gazete ilanlarından kendime bir iş bulmuş ve şu an çalışıyor olurdum" diye ekledim.

Bilge Varlık bu son sözlerime gücenmiş olmalı ki ters ters yüzüme baktı ve yüzünü, öfke ile heyecanın karışımı bir gülüş ifadesiyle büzüştürerek, "O kocaman kafanın içinde bu şekilde küçük düşünmeyi nasıl becerebiliyorsun sen!" diye bağırarak, ağzımdan çıkan bu son cümlelerimi gerisingeriye boğazıma tıktı.

Cümlesinin son noktasında aldığı kısa soluğun ardından, boğazıma tıkadığı sözlerini şimdi de mideme itercesine devam etti:

"Kendini küçük görmeyi bırak artık! Sen küçüldükçe karşındakiler büyüyecek. Büyük düşünmeni hiç kimse engellemedi bugüne kadar."

Sözleri, yuvarlandıkça büyüyen bir çığ gibi üzerime devriliyordu.

"Sen, sen kendini engellemekten başka hiçbir şey yapmıyorsun. Senin en büyük başarın kendi önünden çekilmek olacaktır. Başkalarının hedeflerine ulaşabilmesi için onlara yardım etmeyi artık bırak! Hiç kimseye muhtaç değilsin. Bırak diğerleri sana muhtaç rolünü üstlensin. Kendini bu kadar küçümsedikçe, bir böcek gibi ezilmeye mahkûm kalacaksın. Bir gün yapmadıkların için pişmanlık duyacağını görebiliyorum."

Bu son sözleri bir kâhin niteliğindeydi.

"Başkalarının hedeflerine ulaşabilmesi için onlara yardım etmeyi artık bırak. Sen iş arama, iş seni bulacak!"

Düşünmeye başladım. Açıkçası bir gün kendi işimi yapacağım konusunda hiç plan kurmamıştım. Bilge Varlık'ın dediği gibi bugüne kadar kendimi farkında olmadan hep küçük görmüştüm. Başkalarına verdiğim değeri kendime vermemiştim. Kendime hiç ilgi göstermediğimi fark ettiğim bu sırada, Bilge Varlık olumsuz düşüncelerimin arasına sızarak, "Sen sadece bedenine saygı duydun. Ona güzel giysiler aldın. Bedenine bakımlar yaptırdın. En ufak bir hastalığında hemen onu iyileştirmeye kalktın, ama ruhunu unuttun! Bedenine baktığın kadar ruhunu da okşayıp sarsaydın, onunla ilgilenseydin, şimdi düşüncelerinle içini kemirmeyecektin!" dedi.

Bu sözlerinin ardından "Bırak artık geçmişte yaşamayı ve şimdiye dön!" diyerek beni derin bir uykudan uyandırdı.

Kendimi dayak yemişçesine yorgun ve bitkin hissediyordum. Bunu fark etmiş olmalı ki dinlenmeme izin vermemek için "Gidiyoruz" dedi.

Ona bu halde hiçbir yere gidemeyeceğimi söylediğimde, kahkahayla gülmeye başladı.

Alaycı bir tavırla, "Bırak kendini acındırmayı, yorgunluk bedende olmaz, sadece düşüncededir!" diyerek derin bir uykudan uyanmamı sağladı. Peşinden "Düşüncelerinde yorgunluğun yerine, taze ve huzur dolu bir beden düşlemen için sana beş dakika süre veriyorum" diyerek bir anda gözden kayboldu.

Kendimle baş başa kalmıştım sonunda. Gözlerimi kapattım ve düşünmeye başladım. Birkaç saniye sonra gözlerimi açtığımda düşünceyle kendimi nasıl huzur dolu ve dingin hissedeceğime ilişkin soru işaretleri vardı.

Bunu daha önce hiç yapmamıştım ki!

Bilge Varlık belki de beni sınıyordur diye düşündüm ve tekrar gözlerimi kapattım. Hiçbir şey düşünmeden, bir boşluğa dalmışçasına öylece bekliyordum. Boş düşüncelerin aklımı alıp götürdüğü sırada, Bilge Varlık'ın "Sen sadece kendini kandırıyorsun, bırak kendini kandırmayı!" demesiyle bir anda yerimden zıpladım. Onun bu sözü, bir bıçak gibi sırtıma saplanmıştı ve gittikçe canımı yakıyordu.

Bu sözlerin acısını bedenimde yaşarken, o ise bana aldırış etmeden bilgece sözlerine devam etti:

"Gerçeklerin yaktığı can, baldan tatlıdır her zaman. Kendi gerçeklerinden çekinmene gerek yok, çünkü onları sen yarattın!"

Ardından bir an duraksadı ve çenesini yukarı doğru kaldırıp, gözleriyle yüzümü işaret ederek gözlerimi kapatmamı istedi.

O an gözlerimi kapatarak Bilge Varlık'ın şefkatli sesinin tınısına bıraktım kendimi...

"Binlerce hektarlık bir alanda, yemyeşil yapraklarla donanmış ağaçların bulunduğu bir orman düşle" diyerek sözlerini sürdürdü:

"Burası yalnızca sana aitmiş gibi davran ve rahat ol. İşittiğin tek ses, rüzgârın esintisiyle oluşan dalların çıtırtıları ve o dallarda şarkılar söyleyen kuşların cıvıltıları olsun. Şimdi sesleri duymaya çalış!

Ağaçların eteklerinde, baharın müjdecisi erguvanlar yerlerini almış ve çevren, çuhaçiçeği, kaside, miskotu gibi bitkilerle donanarak ormanı adeta bir cennet bahçesine çevirmiş. Yüreğini aç ve gördüklerini zihninde resmetmeye çalış!

Bu özel çiçeklerin ve defne, çınar, meşe, gürgen gibi ağaçların sana sunduğu taze havanın burnunun etrafında dolaştığını hisset. Temiz hava başının hemen üzerinde dolaşıyor ve ciğerlerini doldurmanı bekliyor.

Bu özel hava senin için hazırlandı. Şimdi burnundan solumaya çalış derin derin...

Karnının şiştiğini hissedene kadar bu temiz havayı ciğerlerine çek. Havayı solurken evrendeki bütün güzel duyguların, pozitif enerjilerin ve sağlık için gereken bütün gereksinimlerin içine dolduğunu duyumsa.

Ciğerlerine dolan nefesle birlikte karnın da yavaş yavaş şişmeye başlıyor.

Ve ciğerlerin, doğada bulabileceğin en temiz havayla doluyor şu anda. Karnın iyice şişti. Şimdi ağzından kesik kesik nefesini dışarıya vermeye çalış. Nefesini verirken; içinde bulunan bayat, hastalıklı ve olumsuz her şeyin, nefesinle birlikte dışarı çıktığını gör, bu anı zihninde resmederek...

Sonrasında burnundan nefes almaya tekrar devam et ve karnın iyice şiştiğinde ağzından kesik kesik nefesini vermeye çalış. Bu solunumu beş kez tekrarla.

Zihninde sana yorgunluk hissi veren bütün duygular, nefesinle birlikte dışarıya çıkıyor yavaş yavaş...

Ve ardından bütün hücrelerine, seni diri ve taze tutacak mis gibi bir hava doluyor. Sen kendini yenilediğin bu sırada, kuşlar da senin için en güzel şarkılarını söylüyor çıtırdayan ince ağaç dallarından.

Kulaklarından giren bu yumuşak ses, beyninin içine ulaşıp orada mengeneyle sıktığın eski bayat ve kalıplaşmış düşüncelerine ulaşıyor ve bir buz kütlesinin ılık suda eridiği gibi çözülmesini sağlıyor."

Bilge Varlık bu sözlerinin ardından, "Şimdi gözlerini açabilirsin!" diye seslendiğinde, kendimi yeni doğmuş bir bebek gibi taze duygular içinde hissettim.

Bu sözler, adeta yüreğime dalmış ve oraya bir öpücük kondurmuşçasına beni derinden etkilemişti. Az önceki yorgunluğum bir anda yerini büyük bir dinginliğe bırakmıştı artık. Bilge Varlık'a bana yaşattığı bu huzur dolu duygular için teşekkür ettim.

Bu teşekkürle onunda mutluluğuma ortak olmasını düşünürken, o ise bir suç işlemişim gibi yüzündeki sert ifadeyle bana bakıyordu. Ardından benliğimdeki kök salmış programları silercesine, "Bırak başkalarına teşekkür etmeyi. Bana her defasında bunu söyletmekten zevk mi alıyorsun?" diye gürledi.

Sonrasında, "Bugüne kadar kendine hiç teşekkür ettin mi?" diye sordu ve sözlerine devam etti:

"Gerçek teşekkürü hak eden ilk önce senin yüreğindir, bunu unutma ve artık bu gerçeği kabullen, bir daha da kendi yüreğine teşekkür etmeden başkasının yüreğine seslenme!"

Ardından sesinin tonunu biraz daha yumuşatarak, "Kendine her teşekkür edişinde mutluluğu derinden hissedeceksin!" diye ekledi. O an tekrar göz göze geldik Bilge Varlık'la. Bana iltifat edercesine "Gözlerin ilk kez huzurla bakıyor" dediğinde, bunu kendi sayemde gerçekleştirdiğimi söyledim.

Ona tüm yüreğimle inanarak, "Ben istemeseydim eğer, huzurla bakmayacaktı bu gözlerim" dediğimde tebessüm etti. Bana güvenmek istercesine, "Bunları kendi yüreğinden söylediğine emin misin?" diye sordu.

"Kesinlikle" dedim, hiç tereddüt etmeden.

O sırada sanki hep bu anı beklercesine, "O halde hazırlan" dedi. "Seni biriyle tanıştıracaktım. Artık kendini yorgun hissetmediğine göre bir mazeret bulmayacağına inanıyorum..."

Onun bu emrivakilerinden aslında sıkılmıştım, bazen bu durum benim için çekilmez oluyordu, ama Bilge Varlık'ı da seviyordum!

"Peki..." dedim. "Mazeret uydurmayacağım, ama bugün seninle hiçbir yere gelmek istemiyorum!"

Kendimden daha önce hiç bu kadar emin olmadığım bir

ifadeyle, "Burası benim dünyam ve burada kendi kararlarımı ancak ben veririm. Seçim hakkımı kullanıyorum ve seninle istediğin yere ancak yarın gelebilirim."

Yanıma bir adım yaklaştı ve durdu. Bir şeye benzetemediğim o tuhaf ayakları, neredeyse ayaklarımın üzerine çıkacaktı. Ardından şeklini tanımlayamayacağım ellerini omuzlarıma koydu ve "Az kaldı!" dedi.

Bir anda onunla ilk karşılaştığım, o sisli odanın içindeki şaşkın bakışlarımı takınmaya başlamıştım yine.

Ondan net bir cevap alamayacağımı bile bile "Neye az kaldı?" diye sordum ve yine de cevap vermesini bekledim. Derin bir nefes alarak ciğerlerini havayla doldurdu ve üzerimde sanki tonlarca bir yük oluşturan ellerini omuzlarımdan çektiği sırada, "Mucize Varlık'la seni tanıştırmama az kaldı" diyerek sorumu cevapladığında, aklımda binlerce soru işaretinin birbirlerini kovalamasına engel olamıyordum.

Kısa bir süre sonra kendimi toparlar gibi oldum ve hiç vakit kaybetmeden "Mucize Varlık da kim? Beni neden onunla tanıştırmak istiyorsun?" diyerek ardı ardına soruları yönelttim.

"Az kaldı!" diyerek kısa ve net bir şekilde az önceki cevabını yineledi.

Ardından bir özlü söz havasında, "Bekle göreceksin, sabret yaşayacaksın" diyerek beni geçiştirmeye çalıştı.

Bu meraklı düşünceler içinde ona artık sabretmek istemediğimi ve bir an önce bahsettiği varlıkla beni tanıştırmasını istediğimi söyledim. "Bu tanışmayı yarın gerçekleştirsek?" dedi gülümseyerek. Onu "Seçim hakkı benim" diyerek cevapladım ve ekledim:

"Şimdi gitmek istiyorum!"

"O halde beni takip et!" diyerek bir anda gözden kayboldu.

İçimden benimle alay ettiğini geçirdiğim sırada, bir anda tekrar karşımda belirdi. Onun bu hali bana, sihirli lambanın içinden çıkan Alaattin'in cinini anımsatmıştı.

Meraklı bakışlar arasında Bilge Varlık'a daha önce birçok kez sormuş olduğum sorumu yineledim:

"Sen kimsin ve benden ne istiyorsun?"

Uzun uzun yüzüme baktı ve ardından, "Ben seni Mucize Varlık'la tanıştırmak için buradayım" diyerek cevap verdi.

Bana kim olduğunu hâlâ söylememişti, ama onun hakkında bildiğim bir şey vardı artık; benim için bir görev üstlendiği...

"Peki, şimdi Mucize Varlık'la tanışmaya mı gidiyoruz?" diye sorduğumda, "Hayır, daha öncesinde seni çok zengin bir insanla tanıştıracağım..." diyerek cevapladı.

Son cümlesinin ardından "Artık gidelim" dediği sırada, o bildik hızlı adımlarıyla yürümeye başlamıştı bile. Onu izlemeye koyuldum. Peşinden ilk kez bu kadar heyecanla yürüyordum. Aklımda hep Mucize Varlık'ın ne olduğu ve neye benzediği sorusu vardı.

Bir yandan hızlı adımlarla yürüyor, bir yandan da, "Bilge Varlık, onun verdiği görevleri yerine getirmek için karşımda olduğuna göre, Mucize Varlık ondan çok daha üstün bir şey olmalı" diye geçiriyordum içimden.

Mucize Varlık'ı hiç tanımadığım halde onun gibi olmak istedim nedense... "Onun gibi cesur ve kararlı olabilmek, kahramanca yaşamak, paraya bu kadar değer vermeden hayatımı sürdürmek ne güzel olurdu" diyerek kendimi bir an onun yerine koydum.

O an kendimi Bilge Varlık gibi görmeye çalıştım çok kısa bir süre. Aman Allahım, bu tarif edilemez bir duyguydu. Bilge Varlık'ın ya da Mucize Varlık'ın yerinde olsam sanırım yüreğim bu heyecana fazla dayanamazdı!

Mucize Varlık'ın nelere sahip olduğunu bilmiyordum tabii ki, ama adında "mucize" sözcüğünün oluşu istediği her şeye de sahip olabileceği sanısını uyandırmıştı bende. Ve onun sahip olabileceklerini düşünmek bile hücrelerimde büyük bir coşkuyu hissetmeme neden oluyordu.

Gözlerim, önümde koşarcasına yürüyen Bilge Varlık'ta, aklım ise bedenimde büyük bir devrim yaratan düşüncelerimde olduğu bu sırada, Bilge Varlık'ın işaretparmağını uzatıp "Zengin adam işte bu fakirhanede oturuyor" demesiyle irkildim bir anda.

Burası şimdiye kadar gördüğüm en pahalı ve en lüks bir saray olmalıydı! Daha önce bu kadar lüksünü hiç görmemiştim açıkçası. Ama Bilge Varlık bu sarayı bana işaret ettiğinde onu "fakirhane" diye adlandırmıştı!

Ben, böyle bir saraya "fakirhane" denmeyeceğini düşündüğüm sırada, o daha kendisine bunu sormadan "Benim gözümde sadece bir fakirhane" diye karşılık verdi.

Artık bu görkemli sarayın kapısının önündeydik. "Sahibi ne kadar da mutludur şimdi" diye düşünmeden kendimi alamıyordum. Bahçenin kapısı bile özenle yapılmış, Osmanlı'dan kalma kündekâri tarzı bir çalışmayı anımsatmıştı bana.

Kapıdan içeriye ilk girdiğimde, bahçe duvarlarında bir çit havasını veren muşabaklı konsollar dikkatimi çekti hemen. Bu konsolların, yıllanmış sarıçam kerestesinden itinayla işlendiği her halinden belli oluyordu. Bilge Varlık'a başım çevirerek kıskançlığımın ön plana çıktığı bir ses tonlamasıyla, "Çok zevkli bir insanmış buranın sahibi" diye mırıldandım.

Hiçbir şey söylemiyor, "Olacakları sen birazdan görürsün" der gibisinden muzipçe tebessüm ediyordu.

Bahçeden, sarayın ana girişine olan kısma kadar uzun bir yol vardı ve bu yolda özel olarak sıralı bir şekilde dikilmiş renk renk laleler boy gösteriyordu. Sarayın ana kapısına doğru yaklaştıkça, "zengin kişi"yle tanışacak olmamın vermiş olduğu merakla büyülenmiş gözlerim sanki yerinden çıkacakmış gibi çevreyi süzmekten kendini alıkoyamıyordu...

Bahçe kapısından yaklaşık on dakikalık bir yürüyüşün ardından sarayın ana giriş kapısına gelmiştik artık.

Tam, "Böylesine koca bir sarayda on dakikadır gezdiğim halde, neden kimseyi göremedim?.." diye düşündüğüm sırada, sarayın yan tarafında ne olduğunu pek kestiremediğim birtakım kalıntıların arasında, düşünceli şekilde dolaşan bir insan ilişti gözlerime.

Ona doğru yürümeye başladım. Adımlarımı duymuş olmalı ki bir anda başını bana doğru çevirdi. Yanına iyice yaklaştığımda, üzerindeki uyumsuz kıyafetler dikkatimi çekti. Onun bir bahçıvan olduğunu düşündüm.

Yanına iyice yaklaştım ve gülümseyerek "Kolay gelsin" dedim. "İşiniz oldukça zor olmalı!"

Hiç cevap vermeden yüzüme öylece bakıyordu boş boş...

Sonra tekrar arkasını döndü ve bahçenin kuzey köşesinde bulunan, üzerinde simetrik bir şekilde yazılmış yazıların yer aldığı sütunların arasından geçerek gözden kayboldu.

Onun anlam veremediğim bu davranışını zihnimde sorguladığım sırada Bilge Varlık yanıma gelerek kolumu dürttü ve "Zengin kişiyle tanışmak nasıldı?" diye sordu.

Az önce beynimde cevaplarını bulmaya çalıştığım soruların üzerine şimdi bir başkası daha eklenmişti. Şaşkınlık içinde "Zengin kişiyle tanışmak!.." diye ağzımda geveledim.

"Evet" dedi Bilge Varlık. "Az önce bir bahçıvana benzettiğin insan, zengin kişiydi. Fakat sen onun görünüşüne bakarak aldandın! Aslında o da aldanıyor ve aldandığının farkında değil..."

"Nasıl aldanıyor, neye aldanıyor?" diye sorduğumda, net bir şekilde, "Yüreği zengin değil, işte bu yüzden aldanıyor" diyerek cevapladı ve sözlerine bilgeliğinin vermiş olduğu anlamlı ifadelerle devam etti:

"Bu adam, adam olabilmek için yıllarca okula gitti ve en sonunda birçok kez rüyalarında gördüğü, bütün hedefleri-ni üzerine kurduğu, yaşamının anlamını oluşturduğu kâğıt parçasına kavuştu. Bu kâğıt parçasının adına siz 'diploma' diyorsunuz ve o onu çerçeveleyerek odasının en güzel köşe-sine astı ve "İşte" dedi, "işte ben adam oldum!"

Sözlerinin burasında durup gözlerimin içine bakarak hız-lıca bir nefes aldı. Ardından paranın yaşamında her şey ol-duğunu düşünen insanlara seslenircesine, "İnsanlar bu kâğıt parçasına sahip olduklarında adam olduklarını sanıyorlar, oysa önemli olan adam olmak değil, adam gibi adam olmak-tır!" diye haykırdı.

Sarayın bahçesini bir anda Bilge Varlık'ın haykırışı kap-lamıştı. Ses dalgaları önce bir boşlukta uçuşup yankılandı, sonra da birbirine paralel duran sütunlara çarparak oradan tekrar kulaklarımın içine girip beni derin bir uykudan uyan-dırdı.

Bilge Varlık sesini biraz yumuşatarak, "Onun en büyük hatası, çevresine verdiği değerin küçük bir parçasını kendi-ne vermemesiydi. İnsanlar evlerine konuk olarak geldikle-rinde en güzel kıyafetlerini giydi. Bir yere gitmek istediğinde yine saatlerce hazırlandı. Onun bu davranışlarının tek bir nedeni vardı: İnsanlara güzel gözükebilmek!

Az önce onunla karşılaştığında, zengin kişiyi bir bahçıvana benzettiğini biliyorum. Senin onu ziyaretine geleceğini önceden bilseydi, karşında bir bahçıvan gibi değil, kral gibi dururdu. O bir zavallı ve senden uzaklaştığında kaçtığını düşünüyordu, oysa bugüne kadar her defasında kendinden kaçtığının hâlâ farkında değil! Farkında olamaz da, çünkü hâlâ kendisini adam sanıyor!" dedi.

Bilge dostum zengin kişinin kişiliğini ele alarak sözlerini sürdürdü:

"Zengin olduğun sanan mutsuz insanlardan birisi...

İşi düştüğünde insanları arayarak onların hatırlarını sormakla sadece geleceğine yatırım yaptığını düşünen zavallı bir insan. İnsanlarla sohbetinde yalnızca kendiyle ilgili konuşarak iletişimi körelten bencil varlıklardan birisi...

Böyle insanların başkalarını anlamaya çalışması, kesin ve net, kendi geleceğine yatırım amacından başka bir şey değildir! Sürekli başkalarına verdiklerini ve yaptıkları iyilikleri anlatır, sonra da geri almaya çalışırlar. Alamayınca da verdiklerini tekrar hatırlatırlar."

Bilge Varlık, artık nefes bile almadan sözcüklerini bir siyah kuşağa sahip dövüşçünün rakibine tekmelerini savurduğu gibi, aralıksızca üzerime yağdırıyordu. Onun tokat gibi gelen bu sözleri tüm insanlığa yönelikti:

"Gerçek zenginlik yürektedir. Gerçek zenginlik aldığın nefesi hissetmektir. Ancak o zaman yaşıyorsundur; yoksa bir ölüden farkın yoktur! Bırakın diğerlerine gösteriş yapmayı, bırakın ve rahatlayın artık. Bu kadar nedensiz yorgunluklarınızın bile farkında değilsiniz hâlâ. Zihninizdeki olumsuzluklara öyle bir kapılmışsınız ki, her an savunma oluşturmak zorunda kalıyorsunuz.

Kendinize karşı dürüst değilsiniz!

Yüzünüzde maskeler var, onlarca değişik maske ve bütün enerjinizi maskeleri yüzünüze takıp çıkararak boş yere harcıyorsunuz. Şunu unutma: İnsanları yorgun kılan yaşam değildir, taşıdıkları maskeleridir!

Sizin boşa harcayacak bir enerjiniz yok!

Başkasının övgü, sevgi ve ilgisini kazanmak ancak aptalların ve zavallıların işidir!

Bırakın artık gereksiz yüklerinizi ve kurtulun bu cehennem azabından!

Yaşamı kendinize yalan kılan sizsiniz, bir başkası değil!

Eceliniz gelmeden can çekişiyor ve bu halde bile insanların yüzüne gülebiliyorsanız, yapamayacağınız hiçbir şey yok demektir!

Gereksiz baskılar bugüne kadar iliklerinizi kuruttu sizin.

Bırakın artık insanlara iyilik saçarak peri rolü üstlenmeyi! İyiliği, önce kendi yüreğinize işlemeden gerçek bir peri olamazsınız!

Zengin kişi, sen ve senin gibi olan diğerleri...

İnsanlara bağımlı değilsiniz! Başkalarına bağımlı olduğunuzu düşünmek sizi kendi varlığınızdan uzaklaştırıyor. İnsanlara dost olurken, kendinize yabancılaşıyorsunuz.

Kendinizi keşfetmeden başka hiçbir şeye gerçek anlamda sahip olamazsınız!"

Bilge Varlık sözlerinin burasında duraksadı ve daha sakin bir ses tonuyla, "Sebepsiz yorgunluğunuzun farkına varın artık ve kaderinize isyan ederek evrene olumsuz dalgalar yaymayı bırakın, dünyayı siz çirkin bir hale soktunuz!" diyerek sözlerine o an için son noktayı koydu.

Onun bu sözleri bana kendime karşı yabancı olduğumu hissettirmişti bir an. Ama ben kendime bu kadar yabancı olamazdım. Bunu asla kabul edemezdim. Bilge Varlık'ın az önceki sözleri beni nakavt etmeye yetmeyecekti. Ben, bugüne kadar kendimi hep bildim, kendimi sevdim ve kendim gibi oldum. Yo yo... Hayır. Ben bu sözleri kabul edemezdim. Sarayın bahçesinde savunmasız bir asker gibi oturacak değildim. Bir anda ok gibi ayağa fırladım. Nereden geldiğini bilmediğim büyük bir enerji topu vardı sanki içimde. Az önce Bilge Varlık'ın sözleriyle parçalanmış bedenimi şimdi eskisinden daha diri hissediyordum.

Gözlerimi Bilge Varlık'ın üzerine sert bir şekilde diktim ve kendimden gayet emin bir şekilde, "Ben sandığın gibi bir insan değilim. Ben, ben kendimi ve yaşamı seviyorum. İnsanlar beni seviyor. Ben her zaman kendim oldum! Senin bu söylediklerini kabul etmek zorunda da değilim" diye haykırdığımda onu nakavt edeceğimi düşünüyordum...

O ise kahkahayla güldü ve ardından, "Hayatı yarış alanına çevirip kendini boş yere yoracağına, yaşamın eşsiz akışına kucak açarak huzuru tüm hücrelerinde hisset!" diye mırıldandı.

Hâlâ kendim olamadığımı savunuyordu! Ama onun bu son sözleri beynimde bir "dank" sesinin oluşmasına neden olmuştu. Bilge Varlık sanırım doğru söylüyordu. Hayatım hep bir yarış atı gibi geçmişti bugüne kadar...

Tam bu düşünceler içinde doğruyu ayırt etmeye çalıştığım sırada, onun gür sesiyle bir kez daha irkildim:

"Sabit fikirler sadece ölülerindir. Bugüne kadar çevrendekilere karşı duyduğun öfkeyi çok küçük yaşlarda beyninde bir pestil gibi bastırmayı öğrendin. Onları suçlamaya gücün olmadığını düşündün ve bastırdığın duygularını zamanla karanlıklarla gömdün... O düşünceler zamanla kök salmaya başladı ve şimdi o kökler sandığından da çok güçlendiler. Bazen kopmak istiyorsun onlardan, ama bunu beceremiyorsun, onunla baş edecek enerjiyi kendinde bulamıyorsun; çünkü bütün enerjini dışarıya savurmaktasın!

Sen çevrendekileri suçladın çoğu zaman, ego seni kendinden uzak tutarak hep dışarıya odaklanmana yol açtı ve o kendin olmanı engelledi. Duygular sana ait değiller ve onları sahiplenmekle büyük bir yanılgıya düşüyorsun. Onlar evrene aitler ve seni sadece ziyaret edebilirler.

Onlar asla senin olamaz. Senin ruhundan başka bir şeyin olamaz! Bir gün hepsini burada bırakıp geldiğin yere geri döneceksin. Uzun rüyadan uyanacaksın ve yanında bir tek ruhun olacak, bu dünyaya geldiğin gibi gideceksin, ne bir eksik, ne bir fazla!

Ve sahiplenmeyi bıraktığında sevgiye dönüşeceksin. O zaman sevginin kendisi olacaksın. O zaman varlığın çiçek açacak ve şunu unutma, sevgi yaşamın çiçeğidir. Onun kokusu tüm varlığını sardığında içinde sıcaklığını hissedersin ve o zaman baktığın her yerde bir mucizeye tanık olursun. Çamura dokunduğunda yıldızları hissedersin; çünkü hepsi gizli bir zincirle birbirine bağlıdır ve sen bunun farkındalığına varmış olursun.

Şimdi evrendeki boşluğa haykır var gücünle, emin ol o seni duyacaktır! Başkaları da duyabilir seni ve sana deli diyebilirler. Bırak deli sansılar. Önemli olan insanların hakkındaki düşünceleri değil, senin kendin için ne düşündüğündür!"

Bilge Varlık'ın az önceki sesinin şefkatli tonu bir anda yerini otoriter bir babanın ağzından çıkan sert ve net bir ifadeye dönüşmüştü:

"Evrene kendi sesini duyur artık! Susmak sadece seni köreltiyor. Sen, zamanında kişisel ihtiyaçlarını karşılayamadığın için kendi zihninde sınırlı kalmışsın. Kendi doğrularını savunmanın tek nedeni bu! İnsanların kendilerine özgü ihtiyaçlarını göremeyecek kadar kör olmuşsun.

Bırak artık kendi doğrularını savunmayı! Kendi bildiklerinle huzuru kucaklasaydın zaten ben şu an burada olmayacaktım, ama bunu beceremedin; çünkü o bildiğin doğrular sana ait değildi, sadece sana empoze edildi ve bunun farkındalığını birazdan kazanacaksın!

Kendi doğrularını savunmak, sana sadece karşındakinden tepki alma olasılığını getirir. Başka bir şey bekleme sakın.

Senin korkuların sadece kendine karşı! Sen reddedilmekten, onaylanmamaktan ve engellenmekten korkuyorsun.

Her insan reddedilir ve engellenir. Bu sana özgü bir şey değil!

Bana sürekli insanları ve kendini sevdiğini söyleyip duruyorsun. İşte, bunu sürekli olarak dile getirmen sana inanmamı engelliyor. Gerçek sevgiye sahip olan insanlar bunu sürekli olarak dile getirip, başkalarını ve kendilerini sevdiklerini ilan etmezler!

Bir çiçeği izle. Bir gülü düşün. Gül orada duruyordur. Onun kokusunu alman için yanına gitmen kâfidir. Ve kuşlar da öyle, onlar cıvıldaşırlar ama seni mutlu etmek için değil, bu onların doğal halidir ve insanlar bu doğallıktan huzur bulurlar. Kuşların ötüşleri onlara meditasyon gibi gelir. Ruhları dinlenir. Kötü düşüncelerden arınırlar. Ve hiçbir çiçek bunu dile getirmez, hiçbir kuş sana kattığı huzuru dile getirmez. Onların varlığı zaten sevgidir, senin kendilerini sevmene ihtiyaç duymazlar.

Bana sürekli olarak iyi bir insan olduğunu söylüyorsun. Oysa sen insanlara bağımlısın! İnsanlara bağımlı olmayı bırak artık ve kendi güzelliğini sadece kendi içinde taşı. Kendini iyi bir insan rolüne sokman, seni kendine yabancılaştırıyor; bir rol üstlenmene gerek yok, olduğun seni görmen kâfidir!

İşte sen bu yüzden kendin olamıyor ve başkalarının onayına bağlı olarak yaşıyordun. Hâlâ kendi kişiliğinin arayışı içinde olduğunun farkında bile değilsin! Ne olup bittiğinden habersizsin:

Sen bir ölüsün!

Bırak artık, bırak!

Çevrene karşı iyi görünmeyi bıraktığında zaten güzellikler ortaya çıkacaktır. Seni bir şeylere zorlayan ego denen şey şeytanın ta kendisidir ve sen onu bıraktığında güzelleşirsin. İçindeki güzellik dışarı yansır ve yüreğinde güller açar!

Senin tek yaptığın, içindeki boşluğu başka insanlarla doldurmaya çalışmak ve buna sevgi adını veriyorsun. İşte bu düşünce senin bütün benliğini parçalıyor.

Kendini başkalarının kişiliğinde yaşadığının farkında bile değilsin!

Sana verilmiş olmasını istediğin sevgiyi, sen bir başkasına vererek kendini tatmin ediyorsun. Bu davranışın seni kendine yabancılaştırıyor. Sen, kendinden başka hiç kimseye sevgi veremezsin. Diğerleri de veremez. Çünkü sevgi verilmez, yalnızca hissedilir. O bir amaç olamaz, o alıp verilecek bir araç değildir. Sen sevgi olarak açtığında zaten çevrene bu yayılacaktır. Bir yere gitmene gerek yoktur, onlar seni bulur.

Sevginin kendisi olmadan sevemezsin ve insanların yaptığı da budur. Sevmeye çalışmak... Sende olmayan bir sevgiyi başkasına vermek... Olmayan bir şeyi nasıl verebilirsin?

Mutsuz bir insan bir başka mutsuz insanla ilişki kurup yaşamak istiyor ve ikisi de mutsuz oluyor, sizin tek yaptığınız bu. İkiniz de kendinizde olmayan bir şeyi birbirinizde arıyorsunuz.

Bırakın artık sevgi dilenciliğini!"

Bilge Varlık, bu uzun konuşmasının ardından kısa bir süre sessiz kalarak soluklandı. Ardından yaşama farklı pencereden bakmamı sağlayan sözlerine birkaç sözcük daha kattı:

"Unutma, tek gerçek sensin! Sevgi verme düşüncesinin altında yatan sevgi arayışından başka bir şey değildir. Bu düşünce seni sadece yoruyor, kendinden uzaklaştırıyor ve seni yaşarken bir ölüye döndürüyor."

Aslına bakılırsa yeni yeni kendime geliyordum. Bilge Varlık'ın beni bu saraya getirmesinin ve zengin kişiyle tanıştırmasının ardındaki gerçeği şimdi çok net bir şekilde görebiliyordum.

Onun "Gerçek zenginlik yürektedir ve nefes alıp verişinin farkında olan insan en zengin olandır" gibi sözleri hâlâ kulaklarımda çınlıyor ve oradan yüreğime motif gibi işleniyordu.

Sanki büyük bir yüzleşme içindeydim. Bazen teste tabi tutuluyordum, bazen de yaşam okulundaki bir sınava. Beynimde bir kez daha bilge dostumun varoluş nedenini sorguluyordum.

Aklımda ona yönelik bu soruyu her zamanki gibi henüz kendisine sormadan hissetmişti ve net bir şekilde "Benim varoluş amacım seni Mucize Varlık'la tanıştırmak!" dedi.

Ona, "Mucize Varlık'ı çok merak ediyorum" diyerek karşılık verdiğimde gülmeye başladı. Birkaç saniye sonrasında ise gülümsemesi kahkahalara dönüşerek, "İnsanlar" dedi ve ardından kahkahalarını genişleterek benimle alay edermişçesine devam etti:

"Siz insanlar, içinizdeki potansiyelin farkına varabilseydiniz eğer, kendinizden başka kimseye muhtaç olmazdınız!" Bu son sözlerin ardından kısa bir sessizlik oldu.

Az önce attığı kahkahanın vermiş olduğu alaycı yüz ifadesi yerini olgun bir kişiliğin izlerine bırakmıştı. Uzun bir süre tek kelime etmeden beni izledi. Sonrasında hafifçe dudaklarını araladı ve "Siz insanlar" dedi, "bazen âciz duruma düşmek hoşunuza gidiyor olmalı. Bazen hiçbir şey yapamayacağınızı düşünür durursunuz. Oysa içinizde akan sonsuz bir enerji kaynağı mevcut ve bunu hissettiğinizde o muhteşem ışığınızı güneş bile kıskanacaktır.

Yıllardır, gözlerinizdeki ışıltıyla bile evreni bir güneş gibi aydınlatabilecek gücünüzün olduğunun farkında olmadan yaşayan siz insanlara, sadece şaşkınlık içinde bakıyorum!.."

Bilge Varlık'ın bu sözleri, beni kamçılarcasına canımı yakmıştı.

"Bırak yansın canın" dedi. "Canının yanması sana hiçbir şey kaybettirmez! Kaybetmekten korkmayı bırak, onlar senin gerçeğin değil çünkü. Kaybetmek evrenin olgusudur. Yalnızca evrenin gerçeğidir. Evrende kaybolan bir şey yoktur, sadece yer ve boyut değişir! Bazen kendine çekiyorsun evrenin acıyla gelen sunularını, sonra da bırakıyorsun sonsuz boşluğa. Bazen bırakma süren gecikiyor, işte o zaman azap çekiyorsun.

Bütün duygular evrenin sonsuzluğundadır ve onlar zaman zaman seni ziyaret ederler. Mutsuzluk konuk olarak gelir ve sonra ait olduğu yere geri döner. Hiçbir duygu senin düşlerinde kalıcı değildir, onlar yaşamın akışıyla birlikte süzülürler. İnsanların en büyük yanılgısı bütün bu duyguları sahiplenmeleridir.

Kendini izle, insanları izle. Mutsuzluk sizi ziyarete geldiğinde düşüncelere boğuluyorsunuz. Düşünce bir enerjidir, mutsuzluğu enerjiyle besliyorsunuz ve bunun farkında değilsiniz. Sonra o sizde büyüyor. Nasıl büyümesin ki? Sizde nasıl kısa süreli kalsın ki? Beslediğiniz her şey büyür. O sizlerden hoşlanıyor; çünkü onu düşünerek sağlam bir şekilde tutmuş oluyorsunuz. Bırakmıyorsunuz akıp gitsin. Ve sonra isyan ediyorsunuz mutsuzluk mutluluktan daha çok karşıma çıkıyor diye!

Bırakın artık onları sahiplenmeyi!

Yaşam yolculuğunda karşına, olumlu ya da olumsuz duygular verecek birçok ziyaretçin oldu ve olmaya devam edecek. Karşına ne çıkarsa çıksın, onlar senin ziyaretçindir! Onlar senin dünyana uğradıysa eğer anlatmak istedikleri bir şey olmalı. Sen karşına çıkan çamura odaklandığın için çamurun arkasında açan gülleri göremiyorsun!

Sen yolun bozukluğuyla ilgilendiğin için, yolun kenarında boy vermiş ağaçların dallarında şarkılar söyleyen serçeleri duyamıyorsun. Düşüncelere takılma, onları sadece izle. Onlar sonrasında evrendeki yerlerine geri dönecekler ve bu dönüşe izin ver, bırak gitsinler!

Şimdiye kadar ne varsa sahiplendin ve üstüne aldın, sırtındaki semeri at artık üzerinden!

Evrenin gereksiz yüklerini sırtlamak senin görevin değil. Bu seni bir eşekten farksız kılıyor. Sen kambura yattığın vakit, diğerleri senin üzerine çullanacaklardır!"

Onun bu son sözlerinden sonra, yaşama karşı neden bu kadar dik durmam gerektiğini şimdi daha iyi anlıyordum. Geçmişimi düşünmek istemiyordum. Ama ne yazık ki eşek rolünü birçok kez üstlenmiştim ve o zaman insanlar üzerime yüklerini bindirmekten hiç kaçınmamışlardı!

Düşüncelere daldığım bu sırada Bilge Varlık'ın elini sırtıma dokunmasıyla irkildim. Sanki sırtıma dokunduğunda oraya kısa bir not iliştirmişti ve üzerinde de şu sözleri yazılıydı:

"Tüm bunları sana anlatmamın nedenini biliyorsun artık. Mucize Varlık'la tanışmana az kaldı ve onunla tanıştığın gün kendine olan inançsızlık, değersizlik ve kök salmış bu olumsuz düşüncelerini evrenin sonsuzluğuna geri göndermen gerekiyor! Ancak bunlardan tamamen arındıktan sonra Mucize Varlık'ın huzuruna çıkabilirsin!"

Mucize Varlık'la tanışmak, sanırım bugüne kadar bana verilmiş en büyük armağan olacaktı. Fakat bir yandan aklımı kurcalayan sorularla boğuşuyordum. "Neden sadece ben!" diye düşündüm bir an. "Benim özelliğim neydi ki? Neden önce Bilge Varlık'la sonra da Mucize Varlık'la tanışmayı ben hak etmiştim?"

Bu sırada bilge dostum tekrar düşüncelerimin arasına sızarak, "Yaşam nedensizce akar ve o sizler gibi nedenlere takılı kalsaydı asla nefes alamazdınız!" dedi. Bu cümleden sonra bir gökbilimci tavrıyla sözlerine devam etti:

"Evrenin insanlara ayrı bir sempatisi vardır. Evren vermeyi sever. Evren sürekli bir dinleyiş içindedir.

O insanları dikkatlice dinler!

O insanların isteklerini yerine getirmek için çalışır. Evrenin sonsuzluğundan insanların varlığına uzanan gizli bir köprü vardır! Bu köprü, insan ile evren arasındaki iletişimi sağlar. Bu köprünün daha birçok özelliği vardır aslında, ama en önemli özelliği, gözle görülemez oluşudur. Onu sadece yüreğiyle hissedebilir insanlar.

İnsanların beyninde tahmin edemeyeceğin kadar güçlü bir çekime sahip mıknatıs vardır. Bu mıknatıs sürekli çalışarak evrenle irtibat halindedir ve evren beyindeki güçlü talepleri hemen yakalar.

Bu güçlü mıknatısın asıl görevi, evrenin derinliğinde dolaşan duyguları ışık hızıyla zihne çekmektir."

Onun, bu gökbilimci tavrındaki sözleri beni şaşırtmaya devam ediyordu:

"Sen..." dedi. "Sen bugüne kadar beyninde inançsızlık, karamsarlık, öfke ve çoğu zaman da kaygı besleyerek evrene farkında olmadan taleplerini ilettin, o da sana bu taleplerini sunmakta hiç gecikmedi. Senin bütün sıkıntılarının nedeni, önce yüreğinde, sonra da beyninde kendine olan inançsızlığındır!

Şunu asla unutma, sen kendine inanmazsan, evren sana asla inanmaz!

Ve senin kendine inanmama gibi bir lüksün yok! Sana verilmiş bu hazineyi kaygılar üreterek yok etmeye hakkın yok!

Kendi dünyanı kurduğun o çocuk yaşlarında çok daha farklıydın. Ya şimdi? Şimdi ne yaptığını biliyor musun? O zamanlar savunmasız olduğun halde kendi bildiğini okuyan ve istediğini elde eden sen, şimdi bir ölüden farksızsın!

Evrenden güzellikleri istemekten korkma artık!"

"Evrenden güzellikleri istemediğimi de nereden çıkarıyorsun? Elbette istiyorum; bu söylediklerini biliyorum. İnsanlar buna çekim yasası diyorlar, ama olmuyor. Güzellikleri istemekle olmuyor, yaşam hep bana farklı şeyler sunuyor, buna ne diyeceksin?"

Bilge Varlık kollarını havaya doğru kaldırdı, sanki yaşamı kucaklıyordu ve şöyle devam etti:

"Siz insanlar hep aynısınız, en kolay olanı yapıyor, yaşamı suçluyorsunuz. Yaşam yolunda bilge olmuş insanlar yaşamı suçlamak yerine kendi inanç ve kararlılıklarını sorgulamışlardır. Eğer yolunda gitmeyen bir şey varsa sakın yaşamı suçlama! Seni senden başka sınırlayan hiçbir şey yoktur, kendi sınırlarını otur izle ve tekrar dene. Olmuyorsa tekrar dene, ama yaşamı bir daha suçlama!"

Onun bu sözlerine kendimi öyle bir kaptırmışım ki, "Haydi, şimdi içeriye giriyoruz" dediğinde nerede olduğumuzu bile unutuvermiştim. Sadece aval aval yüzüne bakakalmıştım.

"Artık ayağa kalk" demesiyle, kendimi yavaş yavaş toparlamaya başladım. O sırada büyük bir heyecanla Bilge Varlık'a, "Sarayın içine mi gireceğiz?!" diye sorduğumda hiçbir şey söylemeden sadece elini uzatarak ayağa kalkmama yardımcı oldu.

Kendimi önce parçalara ayrılmış, sonra da itinayla toplanmış bir puzzle gibi hissediyordum. O an sarayın bahçesinde olduğumu anımsadım ve Bilge Varlık'a "Sarayın içerisinde zengin kişiyle mi tanışacağız?" diye sordum.

Hafiften gülümsedi ve "Hayır" dedikten sonra hiç duraksamadan devam etti:

"Zengin kişi senin yaşamına bazı anlamlar katmak için girdi ve çıktı. Şimdi kendi dünyasında."

Ardından buyurgan bir ifadeyle, "Gidelim" diyerek onu izlememi istedi.

Bahçenin kuzey köşesinde bulunan merdivenlere doğru ilerleyerek sarayın giriş kapısına kadar gelmiştik. Oldukça yüksek bir kapının eşiğinden geçerek, Bilge Varlık'ın semir diye adlandırdığı görkemli salona ulaştık. Salonun içinde birbirine paralel olarak uzanmış altı adet sütunun aralarından sıyrıldığımızda, bir yılanı andıran dar ve uzunca seyreden Demre koridoruna çıktık.

Koridorun duvarında asılı, bana, 12. yüzyıl Anadolu Selçuklu dönemini anımsatan, antik çerçevelerin içine yerleştirilmiş resimler dikkatimi çekmişti. Bir an durup resimleri incelemeye başladım.

Ama resimleri incelemem fazla uzun sürmedi, Bilge dostumun beni beklemeden hızlıca yürümeye devam ettiğini fark ederek peşinden gitmeye başladım.

Arkasından "Bu resimleri çok beğendim, kalıp biraz incelemek istiyorum" diye seslendiğimde bir anda durdu ve yüzünü bana doğru döndü. Sonrasında birkaç adım atarak yanıma doğru yaklaştı, beni anlamakta güçlük çekercesine yüzüme bakıp sağ eliyle de duvardaki resimleri işaret ederek, "Bu resimler sence değerli mi ?" diye sordu.

"Kesinlikle..." dedim net bir ifadeyle ve ardından, "Oldukça değerlidirler" diye ekledim.

O alaycı gülüşü Bilge Varlık'ın yüzünde tekrar belirmeye başlamıştı. Fakat tek bir söz söylemeden suskunluğunu koruyarak arkasını döndü ve koridorun çıkışına doğru yöneldi.

Ben de resimlerden ayrılıp onu izlemeye başladım. Bir yandan da içimden, "Bu saray bizim mahalle kadar neredeyse" diye düşünüyordum. Sarayın içine gireli yaklaşık on dakika olmuştu ve biz hâlâ yürüyorduk.

Bu koca sarayda bahçede gördüğüm zengin kişinin dışında tek bir insanın bile karşımıza çıkmaması beni hayrete düşürmüştü.

Fakat ileride gözüme ilişen bir grup insan bu düşüncemin yerine, farklı soruların beynimde oluşmasına neden oldu. Uzaktan sayabildiğim kadarıyla on kişiden oluşan ve her biri Kızılay dağıtmış gibi aynı siyah takım elbiseler giyinmiş bu insanlar, dikkatli bir şekilde çelik bir kapının önünde bekliyorlardı. Sanki içerideki çok değerli bir şeyi korumaktaydılar.

Beynimin içini kemiren bu sorulara bir an önce cevap bulmak istiyordum. Şaşkınlık içinde Bilge Varlık'a, bu insanların kim olduklarını ve neden burada beklediklerini sordum.

Üzerime doğru hafifçe eğildi ve kulağıma "Senin antika resimlerin gibi değerli bir şeyi koruyorlar" diyerek gülümsedi. Daha sonra olduğum yerde beklememi tembihleyerek takım elbiseli adamlara doğru ilerledi.

Adamlar, bilge dostumu görünce etrafına toplandılar.

Aralarında bir şeyler konuşmaya başladılar. İyice sabırsızlanmıştım.

Orada neler olduğuna ilişkin hiçbir fikrimin olmaması ve beynimdeki sorulara karşı cevap bulamayışım beni iyice yormuş olmalı ki, olduğum yere çömeldim.

Aklımdaki sorular bir yandan beni dürtüyor, bir yandan da bunları düşünmemek için çaba gösteriyordum. Bu sırada Bilge Varlık'ın ilginç bir şekilde seslenişini duydum. "Senin boş yere düşünerek harcayacak bir enerjin yok, ayağa kalk ve yanıma gel!" demesiyle sarsıldım. Bana telepatik bir şekilde seslendiğini net bir şekilde hissetmiştim.

Başımı yavaşça ona doğru çevirdiğimde, eliyle "Hadi gel artık" dercesine işaret yaptığını gördüm. Güçlükle ayağa kalkarak, siyah takım elbiseli insanların yanına doğru ilerledim. Yanına geldiğimde imalı bir şekilde, "İçeride senin için çok değerli bir şey var" diye mırıldandı.

Ardından odanın kapısını hafifçe araladı. Merak içinde içeriye doğru başımı uzattığımda, gözlerime tarif edilemez derecede güçlü bir ışığın çarptığını fark ettim. Bu ışık kör edercesine gözlerime batıyordu!

Birkaç saniye gözlerimi açamadım. Ama sonunda dayanamayarak kirpiklerimi zorladım ve bu müthiş ışığın kaynağına doğru yöneldim.

Bu bir mücevherdi!

Şimdiye kadar böyle müthiş bir hazine görmemiştim ve göreceğime de asla inanamazdım. Ama şimdi bu hazine tam karşımda duruyor ve ona dokunmamı bekliyordu. O an içimden "Belki de Bilge Varlık bu mücevheri bana hediye edecek!" diye düşünmeye başladım, yoksa mucize olan bu muydu?

Eğer öyleyse bu muhteşem bir hediye olurdu benim için. Böylesi bir değere sahip olmak demek güçlü olmanın yanında, sürekli huzur duygusunun da bütün hücrelerimde yer etmesini sağlayabilirdi.

Daha fazla dayanamadım ve mücevheri yakından görmek için elimi uzatıp onu avuçlarımın arasına aldım. Vücudumdaki gerilmiş bütün kasların gevşediğini hissediyordum. Bugüne kadar hep şikâyetçi olduğum boyun kaslarım bile bir sakız gibi esneklik kazanmıştı.

Bilge Varlık'a döndüm ve avuçlarımdaki mücevheri ona doğru uzattım. Amacım sadece paylaşmaktı. Bu güzel duyguları onun da hissetmesini istiyordum. Ama Bilge Varlık tepkisizdi, elini bana uzatmıyordu.

Tek söz söylemeden, gözlerini gözlerime dikmiş öylece bakıyordu. Kısa bir sessizliğin ardından elimdeki mücevheri göstererek, "Sence bu değerli mi?" diye sordu.

"Kesinlikle çok değerli olmalı" diye cevap verdim.

Odaya girmeden önceki imalı gülüşünü sürdürmeye devam ederek, "Bu mücevherin ne kadar ettiğini biliyor musun?" diye sordu bu kez.

"Hayır" diye cevapladım onu.

"Bu mücevherin değeri 100 milyon dolar ve dünyada başka bir eşi yok!" dediğinde küçükdilimi yutacak gibi oldum. Şaşkınlıktan ne diyeceğimi bilemiyordum. Böylesine değerli, dünyada bir eşi daha olmayan bu mücevher, şimdi benim avuçlarımın içindeydi.

Ne kadar da şanslı olduğumu düşündüğüm sırada Bilge Varlık sorusunu yineledi: "Sence bu değerli mi?"

Usanmış bir şekilde "Evet..." dedim. "Hem de çok değerli."

"Peki, sence paha biçilmiş olan mı değerlidir, yoksa paha biçilemez olan mı?" diye anlam veremediğim bir soru daha yöneltti.

Biraz düşündüm, ama bu sorunun cevabını ona vermeye dilim gitmedi.

Sanki beni suçüstü yakalamıştı!

Sözlerine "Sen" diye başladığında, bu sözlerinin arkasından ruhumu dağıtacak bir fırtınanın kopacağını hissetmiştim.

"Sen içindeki hazineyi göremeyecek kadar körleşmişsin! Oysa gerçek değer ve gerçek hazine sensin! Bir insan varlığına kimse değer biçemez, nasıl biçebilir ki? Bunu her defasında sana tekrar etmekten usanmayacağım, bir daha dinle!

Sen bu dünyada küçük de olsa bir boşluğu doldurmak için yaradan tarafından seçildin ve bunun farkında bile değilsin. O senin burada olmanı istediyse mutlaka bir bildiği vardır. O seni yaratırken kendi ruhundan üflemişken sen O'nun ruhundan bir parça taşıyorken ve senin ruhun bu kadar kıymetliyken ben başka hazine göremiyorum!"

Bilge Varlık'ın kulaklarımın zarını patlatırcasına çıkardığı o güçlü sesinden çıkan sözcükler bir balyoz gibi beynime iniyordu. Az önceki imalı gülüşlerinin nedenini şimdi daha iyi anlıyordum.

Benliğim bir deprem yaşarcasına sarsıntı içindeyken, Bilge Varlık sözlerine aralık vermeden devam etti:

"Karanlıkla örttüğün içindeki sonsuz enerjiyi orada sakladıkça daha çok sarsıntı geçireceksin. Sahip olduğun hazinenin farkında olmadıkça zamanla tükenmeye başlayacaksın ve bir cesetten tek farkının nefes alıp vermek olduğunu o zaman daha iyi hissedeceksin!

Evrenin sonsuzluğunda kaybolup gidiyorsun. İçindeki eşi bulunmaz hazineni gün yüzüne çıkardığında ne demek istediğimi daha iyi anlayacaksın...

Sadece anlamakla kalmayacak iliklerine kadar varlığının

gücünü hissedeceksin. Ve o zaman dünya bile senin önünde eğilerek diz çökecek.

Senin yaşadığın bu sahte heyecan ve huzur duygularının hiçbir değeri yok ve bu kendini kandırmaktan başka bir şey değildir. Gerçek şaşkınlığı ve huzuru bu mücevheri tutarak değil, içindeki kara bulutları kaldırarak hazineni aydınlığa çıkardığın o an yaşayacaksın."

Az önce beynime inen balyozun etkisini, şimdi bütün iliklerimde zonklarcasına hissediyordum. Fakat içimde bir karanlığın olduğunu ve bu karanlıkta kaybolduğumu çok geçmeden fark etmem biraz da olsa beni rahatlatmış olmalı ki, hafif de olsa Bilge Varlık'a teşekkür edecek gücü kendimde bulmuştum.

Sonrasında başımı öne eğerek düşünmeye başladım. Nedense kendimi o an için yalnız hissediyordum. Binlerce insanın bulunduğu bir otogarda kaybolmuş küçücük, savunmasız bir çocuk gibi yapayalnızdım...

Çevremde, ailem ve birçok dostum olmasına rağmen, kendimden hep uzak kaldığımı anladım. Aileme, arkadaşlarıma ve dostlarıma yakın oluşum, sadece zihnimde oluşturduğum kökleşmiş bir duyguymuş.

"Kendime yakın olmadan bir başkasına nasıl yakın olabilirdim ki?" diyerek içsel bir sesle düşünmeye devam ettiğim sırada, Bilge Varlık yine araya girmişti:

"Kendisinden uzak bir insan çevresinde binlerce kişi olsa da kendini hep yalnızlık hissedecektir! Başını öne eğdikçe, zihninin içinde sürekli olumsuzluk fırtınaları esecek ve sen, sadece geçmişine takılı kalarak nefes aldığın bu anı kendine zehir edeceksin."

Ardından eliyle gövdemin üst bölgesini işaret ederek "Şimdi başını kaldır ve kendine bir çekidüzen ver" diyerek beni uyardı.

Sonrasında, "Kendin için sadece güzel olanı düşle! Mucize varlığın karşısına bu şekilde çıkamazsın" diyerek beni onunla buluşmaya hazırlamaya çalıştı.

Bilge Varlık, zaman zaman beni azarlasa da, onun yanımda oluşu, farklı bir güven duygusunun içimi doldurmasına neden oluyordu. Sanki çevremde artı bir güç vardı ve yaşam nehrinin dalgalı sularında o güç devreye girerek, elimden düşürmüş olduğum küreğimi bana geri veriyor ve kontrolü sağlamamı sağlıyordu.

Merak içinde Bilge Varlık'a "Beni Mucize Varlık'la tanıştırdıktan sonra yine yanımda olacak mısın, yoksa beni onunla mı bırakacaksın?" diye sordum. Hafifçe gülümseyerek, "Seni Mucize Varlık'la tanıştırdıktan sonra, bana ihtiyacın kalmayacak, fakat ne zaman istersen beni yanında hissedebilirsin!" diyerek cevap verdi.

Mucize Varlık'la tanışmayı ne kadar çok istesem de, Bilge Varlık'tan ayrılmayı düşünmek bile istemiyordum. Ona benimle kalmasını ve varlığını sürekli hissettirmesini istediğimi söylediğimde, tebessüm ederek şöyle dedi:

"Yıldızlara dokunmak için kollarını kaldır ve gökyüzüne doğru uzat, dokunamasan bile onları derinden hissetmiş olacaksın!"

Sonrasında, "Birlikte ziyaret edeceğimiz bir okul var" diyerek yeni bir maceraya doğru yol aldığımızın sinyallerini verdi.

O an içimi bir yağmur bulutu kaplamış, damlalarını da, yüreğimin yanan ateşinin üstüne doğru serpiştiriyordu. Açıkçası bir okulun kapısından girmeyeli yıllar olmuştu. İşlerimin yoğunluğundan çocuğumun okuluyla bile ilgilenmeyi annesine bırakmıştım.

İçimde bir özlem vardı o yüzden okula karşı. Bu özlemle birlikte merak ve şaşkınlık duygularım da beynimin içinde kıvranıyordu adeta. Şimdiden okulun bahçesinde, peşlerinden atlı kovalarcasına koşuşturan minik öğrencileri gözümün önünde canlandırabiliyordum az çok...

Heyecanımın ve merakımın sesime yansımış haliyle "Okulda ne yapacağız? Yoksa beni bu sefer de minik yüreklerle tanıştırıp, bana onların davranış ve kişiliklerinden bazı örnekler mi göstereceksin?" diye sordum. Bilge Varlık bu ikinci sorumu alaycı bir tavırla sorduğumu anlamış olmalı ki gürültülü bir kahkaha atarak konuşmaya başladı:

"Senin o küçük yürekler dediğin, küçücük bedenlerinde kocaman yürekler taşıyan varlıklardır. Üstelik bu okul senin gördüğün, duyduğun ve bildiğin okullardan farklı bir yer. Bu okulun kapısından toplumun alışılagelmiş öğretileri asla giremez! Bu okulda senin bildiğin öğrenciler değil, yalnızca, yaşamlarında kendi kurallarını koyan ve o kurallarla dünyalarını sevgi bahçesine çeviren Kahraman Varlıklar vardır.

Bu okulun misyonu farklıdır. Bu okulda eğitimin gerçek amacı yaratıcılıktır ve sevilmeyecek bir ders yoktur. Kahraman Varlıklar bu okulda öncelikle kendilerini kabul etmeyi, bağışlamayı ve ardından yaratıcılıklarını, tutkularını canlandırmayı öğrenirler.

Bu okulda ceza yoktur ve her şey esnektir. Bazı eğitimciler gibi zayıf gördükleri öğrencileri aşağılama ve onların temiz zihinlerinde küçücük yaşta derin yaralar açma yanlışlığı yoktur! Senin bildiğin okullardaki baskı bu okulda olmadığı için, Kahraman Varlıklar stres yaşamadan kendi yüreklerine ve zihinlerine gerçek anlamda dokunmaktadırlar.

Bu okul, Kahraman Varlıklar'a kendi kurallarıyla yaşamanın farkındalığını kazandırdığı için onlar asla ve asla bir başkasının kimliğine bürünmezler, maskesizdirler.

Bu okulda hiçbir zaman görünüşe göre bir varlık yargılanmaz, çünkü bu okulda her varlığın ayrı bir birey olduğu ve kendi olguları bulunduğu bilinir, her varlık olduğu gibi kabul edilir. Zihinlere zorla bilgi sokma alışkanlığı yoktur bu okulda. Bu okulda Kahraman Varlıklar'a kesinlikle ödev verilmez; Kahraman Varlıklar senin bildiğin ödev denen ve ruhu çökertmek için oluşturulmuş bir öğreti yerine, kendi düşünce güçlerini kullanarak edindikleri farkındalıkları zihinlerinde canlandırır ve yaşamlarında uygularlar.

Bu okulda, senin bildiğin okullardaki gibi öğrencilerin yüreklerine doğru uzatılmış ve onların tüm benliklerini vurarak öldürmeye neden olan 'not, sınav ve karne' gibi silahlar da yoktur.

Onlar için gerçek karne ve sınav, düşüncelerinin akışıdır. Düşüncelerini izleyemeyen bir varlık kendini sınıfta bırakacak kadar da cesurdur!

Bu okuldaki varlıklar yaşamı değil, kendi inanç ve kararlıklarını sorgularlar ve ulaşmak istedikleri her ne ise onu rahatça kucaklarlar.

Onlar, sizin okullarınızdaki gibi öğretilerle boğuşmak yerine, kendi yaratıcılıklarını keşfederek yaşamla bütünleşirler. Sizler birbirinize bir şeyler öğretebileceğinizi sandığınız için başarısız oldunuz."

Bilge Varlık sözlerinin burasında biraz duraksayıp evrenin sonsuz boşluğunu kucaklarcasına kollarını yana doğru açtı ve gür sesiyle "Kimse kimseye bir şey öğretemez" diye haykırdı. Ardından sağ elini kalbimin üzerine koyarak "Aradığın her şeyin kaynağı işte burası, senin sıcak yüreğinde" diyerek sanki önemli bir ayrıntıyı işaret ediyordu. Sonrasında sözlerine bir nutuk havasında tekrar devam etti:

"İnsanlar gezgin olmak istedi. İnsanlar şair olmak istedi. İnsanlar ressam olmak istedi. Ama toplum ne yaptı? Sadece güvenli yaşamayı öğretmeye çalıştı. Oysa insanların güvenli yaşamayı öğrenmekten önce hayallerini kucaklamanın hazzını hücrelerinde hissetmeye ihtiyaçları vardı. Yaşamda anlatılmaktan öte, yaşayarak ve onu farkındalıkla izleyerek deneyim edinilir. Kimse ateşi anlatamaz, onun ne olduğunu anlamak için elini üzerine uzatman gerekir. Bir çiçeği tüm ayrıntılarına kadar anlatmaya çalışsalar da, burnunu üzerine uzatıp koklamadan çiçeğin bütünlüğünü anlayamazsın!

Öğretilere ihtiyacınız olmadığını, yaşamı gerçek anlamda izleyerek deneyim kazandığınızı fark ettiğiniz gün, yaşama yeniden gözlerinizi açmış bir çocuk gibi masum ve sevgi dolu olacaksınız. İşte o zaman bir nehir gibi akış içinde yaşamı kucaklayabileceksiniz. Yaşamın hem yıkıcı hem de yapıcı olduğunun derinlemesine bilincinde olacak, özgürlüğü ve huzuru iliklerinize kadar hissedeceksiniz."

Bilge Varlık'ın nefes almak için sözlerine ara verdiğini hissettiğim bu sırada araya girerek bu söyledikleri için "Benim bildiğim okullarda görev yapan eğitimcilere karşı biraz haksızlık yapmıyor musun?" diye sorduğumda, kendinden emin bir şekilde "Kesinlikle" dedi. "Onlar başkalarının kurallarını benimsemişler ve bunu uyguluyorlar, haksızlığı kendilerine yaptıklarının farkında bile değiller. Asıl suçluluk; çocukları yaratıcılık ve tutkularından yoksun kılmak, onların özgürlüklerini kısıtlamak ve her bireyin kendi olmasını farkında olmadan engellemektir."

Söyleyecek tek bir sözcük bile bulamıyordum artık. Okulu iyice merak etmeye başlamıştım ki o an aklıma okulun adını sormak geldi. Bilge Varlık'a zorlukla kontrol ettiğim sesimin titrek tınısıyla "Bu okulun özel bir adı var mı?" diye sorduğumda, hiç beklemeden "Bu okulun adı, Mucizeler Okulu'dur" diye cevap verdi.

Ve ardından "Şimdi seni Mucizeler okulundaki Kahraman Varlıklar'la tanıştıracağım" dedi. Sonrasında kendisini izlememi söyleyerek yürümeye devam etti.

Bilge Varlık'ın peşinden koşturmaya başlamıştım yine. Bu sahne bana hiç yabancı gelmiyordu, ama en azından nereye gideceğimizin bilincindeydim şimdi. Yaklaşık bir saatlik yürüyüşün ardından, derme çatma bir yapılanmaya sahip, etrafta gecekonduların bulunduğu bir kenar mahalleye geldik.

Burada benim alışık olduğum şekilde, bir kuleyi andıran uzun betonarme yapılar yoktu, tam tersine boş araziler oldukça fazlaydı ve o boş arazilerde çivi ve misket oynayan, ip atlayarak kahkahaları rüzgâra karışan çocuklar dikkatimi çekmişti.

Bir an çocukluk günlerimi anımsamıştım. Eskiden benim oturduğum yerleşkedeki yapılar ve çevre de bu şekildeydi. O zamanlar yaşam sanki bugünlerden çok daha renkliydi. Bir an içimden, teknoloji düşkünü olmanın ruhumuzu körelttiğini düşünür gibi oldum. Belki de bu düşüncemde haklıydım, ama bu benim düşüncemdi ve doğruluğunu savunma şansım yoktu... Bilge Varlık'ın daha önce de söylediği gibi, kendi doğrularımı savunduğum sürece karşımdakinden tepki alma olasılığı doğacak ve ben doğrularımı kabul ettirmeye çalıştıkça, hiç yokken içinden çıkılması zor, karmakarışık bir duyguya yuvarlanarak enerjimi boş yere savuracaktım.

İçimden bu düşünceleri geçirdiğim sırada, Bilge Varlık'ın tek kelime bile etmeden birkaç adım önümde yürüdüğü tekrar dikkatimi çekti. Onun bu sessizliği beni bazen korkutuyordu. Çünkü her sessizliğinin ardından, bütün bedenimi kasıp kavuran bir fırtınanın kopacağına inanıyordum artık. Bu düşünceler içinde ona "Okula varmamıza çok var mı?" diye sorduğumda tuhaf bir şekilde, "Az ya da çok, bunun bir önemi yoktur!" dedi.

Ardından "Sürekli bana aynı soruyu sorup duruyorsun. Şimdiye kadar zaman konusundaki sorularını geri çevirmek istemedim, ama seni dürtüklemezsem bu konuda da uyanacağın yok!" diyerek sözlerine devam etti:

"Kendini zamana bağımlı kılma! Bu, bedenindeki tüm kaslarını sıkar, esnek olamazsın. Senin zaman kavramıyla bir işin olamaz, bırak onu evren düşünsün. Uzay ve zaman evrenin olgusudur, senin için tek bir an vardır o da nefesinin ciğerlerine dolduğunu hissettiğin bu an! Tek yaşam budur, başka yaşam yoktur. Geçmiş ve gelecek zihnin bir kurgusudur, onların hepsi bu anın içindedir, gerisi sadece yanılsamadır!"

Onun bu sözlerinin ardından sitemkâr bir şekilde, "Senin için insanların düşünceleri hep koca bir yanılsama zaten. İnsanların haklı oldukları ve olumlu davrandıkları hiçbir gerçek yok mu?" diye sorduğumda, "Onların tek gerçeği, düşündükleri her ne ise o olduklarıdır" dedi ve ardından ekledi:

"Düşüncelerin neye odaklıysa gerçekler de ona bağlı olarak yaşamına yansır. Seni hep izledim, koyun gibi aynı şeyleri düşünüyorsun ve sonra da yaşamın monoton olduğunu savunuyorsun. Yaşamın rengini göremeyecek kadar körsün. Dışarıda gökkuşağı olabilir; fakat senin iç dünyan karanlıkken dışarıdaki gökyüzünün bir anlamı olmayacaktır. Dış dünya senin içsel düşüncelerinin yansımasıdır, o sadece bir aynadır ve sen hep içsel karanlığına izin verdin!

İnsanları izle! Kendilerine yol göstermesi için bir lider arıyor ve o liderin fikirlerine uyarak, onun yasalarını kendi gerçekleri gibi kabul ediyorlar.

Dünyada bir asalak gibi yaşamayı alışkanlık haline getiren milyarlarca insan var. Önce düşlerinden kaçıyor, sonra da kaderlerine isyan ediyorlar. Bu şekilde düşünen insanların bir gerçeği olamaz, çünkü onlar zaten yaşamıyorlar! Sadece yaşayan ölüye dönüşerek vakitlerini harcıyorlar..."

İçimden, "Bu sorunun Bilge Varlık'ı bu kadar kızdıracağını bilseydim ağzımı bile açmazdım" diye iç geçirdiğim sırada, artık tüm hücrelerimde hissetmiş olduğum o ünlü sözünü bir kez daha haykırıyordu:

"*Gerçeklerin acıttığı can baldan tatlıdır.*"

Ardından çenesini hafifçe yukarı kaldırıp, gözünün ucuyla "İşte Mucizeler Okulu burası!" diyerek döküntü halinde duran tek katlı bir yapıyı işaret etti.

İnanamıyordum!

Burası okuldan çok bir harabeyi andırıyordu. Kapısı bile yoktu! Eşiğin girişinde nöbetçi bir öğrenci arayışı içindeki gözlerim çok geçmeden aradığını bulamamış şaşkın bir ördek gibi boş boş düşüncelere dalmıştı.

O sırada "Boşuna bakınma" dedi Bilge Varlık, "bu okulda kapı yok, çünkü isteyen herkese açıktır, sen yeter ki kapısından girmek iste!.."

"Ya nöbetçi öğrenci?" diye sordum

"Burası bir okul, esir kampı değil!" diyerek sert bir şekilde cevap verdi. "Nöbetçiler, askerler, polisler güvenin olmadığı yerde bulunur. Ve onların orada oluşunu toplum sağlar. Toplum insanları hipnotize etmiştir, sürekli baskı altında tutar ve insanlara şu mesajı verir:

'Biz insanlara güvenmiyoruz, o yüzden askeri birlikler kurduk, polis teşkilatı oluşturduk, o yüzden güvenlik son derece yüksek durumda. Siz de kendinize sakın güvenmeyin. Sizin içsel güvenliğiniz tam olursa, bize ihtiyacınız kalmayacaktır, o zaman milyonlarca insan işsiz kalacaktır, büyük bir iş sektörü devre dışı kalacaktır. Siz bir koyun olmaya devam edin, sakın uyanmayın, eğer uyanırsanız bize de ihtiyacınız kalmayacaktır. Siz uyanık halde, zeki ve farkındalık dolu olursanız biz sizi nasıl yönetebiliriz? O zaman bir devlet olmayacaktır, o zaman bizler de işsiz kalacağız!' "

Bilge Varlık daha önce hiç aklıma bile gelmeyen bir konuda beni bir kez daha uyandırıyordu. Gerçekten toplum tarafından büyük bir hipnoz altında olduğumu çok net görebiliyordum. O sırada gözüm, sınıfın içinde sıra arayışına kaymıştı, ama tek bir sıra bile yoktu oturacak. Bilge Varlık'a, "Bu sınıfta neden hiç sıra yok?" diye sorduğumda yine beni şaşırtırcasına, "Öğrenmek için görkemli sınıflara, sıralara ve öğretmenlere ihtiyaç yoktur! İnsanlar buraya oturmaya gelmiyorlar, oturarak ve birilerinin anlatımıyla farkındalık kazanacağını sanıyorsan yanılıyorsun. Oturarak sadece rahatlar ve uyuklarsın; tıpkı binlerce öğrencinin senin sözüne ettiğin dört duvarla kaplı o küçük odalarda yaptığı gibi!..

Sizin okullarınızdaki öğrencileri izledim. Teneffüs zili tıpkı ipini koparmış bir tay gibi okulun bahçesine koşuşturuyorlardı. Onlar bütün enerjilerini sınıflarda biriktirmeye koşullandırılmışlardı ve onlar sınıflarındaki dersi dinlemiyorlardı. Onların tüm dikkati ve düşüncesi teneffüs zilinin çalmasındaydı. Gözleri hep saatte takılıydılar. Çünkü zille birlikte bastırdıkları enerjiyi boşaltmak için sabırsızlanıyorlardı.

Sizin okullarınızda yaşayarak öğrenme yok, kulaktan dolma bilgiler aktarılıyor ve bu yüzden başarısızlık oranı çok fazla! Maya yapmayı bile sınıflarda eğitim görevlileri anlatıyor. Bak şuradaki çocuklara, yoğurt yapmak için sütü mayalıyorlar. Onlar bunu hiçbir zaman unutmayacaklar, çünkü onlar yaparak öğreniyorlar!

Sizinkiler ise sadece oturup pinekliyorlar! Ve sen oturduğunda beynin uyuklamaya başlar, uykulu bir şekilde farkındalık edinemezsin, kendini kandırmaktan başka bir şey değildir bu. Oysa ayakta kaldığın zaman, beyninde bulunan soru işaretleri bilgiye aç bir şekilde, avına dikkatle yaklaşan bir kaplan gibi tetikte olacaktır. Rahatlık tüm bedenini sarmışken, güzellikleri yaşaman ve yaşatman hayalden öte bir şey olamaz!

Ve senin sözüne ettiğin okullarda herkes aynı kefeye konuluyor! Kuşlar kanatlarını kullanırken, maymunlar ağaçlara tırmanma yeteneğine sahipken ve yılan sadece yerde sürünebiliyorken, sen hepsine sadece yürümeyi anlatamazsın!

Bilge Varlık'ın her sözcüğü sanki gizli hazineme ulaşmamı sağlayan bir harita gibiydi. Yalnız bir sorun vardı. Harita elimdeydi, fakat onu nasıl kullanacağımı bilmiyordum...

Çoğu zaman bu yanılgıya düşsem de, bildiklerimi yaşamımda uygulamadıktan sonra bir anlamı olmayacağının da farkındaydım artık. Zihnimin içinde dolaşan sorulara cevap aradığım sırada sınıfın açık olan kapısından içeriye dört varlık girdi.

Bilge Varlık, içeriye giren bu dört varlığı işaret ederek, "İşte, Mucizeler Okulu'nun bu döneminde farkındalık kazanmak adına burada bulunan dört Kahraman Varlık'ı" diyerek beni onlarla tanıştırmaya başladı.

Kahraman Varlıklar'ın fiziksel olarak benden hiçbir farkı yoktu! Normal bir insan gibi gözüküyorlardı. "Evet" diye araya girdi Bilge Varlık, "onlar senin gibi bir insan, ama onları farklı kılan şey, yaşama bakış açıları ve kendi kurallarıyla yaşamlarına anlamlar katmalarıdır.

Onlar, yaşamın kendilerine sunduklarına takılmıyorlar, tam aksine o sunulara kattıkları anlamlarla güzelleşiyorlar; çünkü yaşamın ne acı ne de tatlı olduğunu, onun herkese karşı aynı saf halde bulunduğunu ve insanların bakış açılarıyla değişkenlik gösterdiğinin farkındalar."

O sırada dört Kahraman Varlık'ın fiziksel olarak farklı özellikleri dikkatimi çekmişti. Hepsinin yüzü güleç ve gözlerinden ışık saçmasına rağmen aralarındaki kadınlardan birinin gülümsemesi çok farklıydı. Sanki yüreğindeki ışık yüzüne yansıyordu!

Yanına yaklaştım ve onun bu kadar mutlu, huzurlu ve güleç olmasının nasıl açıklanabileceğini sordum. Oldukça soğukkanlı bir şekilde, "Kaybetmenin mutluluğunu yaşıyorum" dediğinde şaşkınlığımın ses tellerime vurmuş olduğu bir tınıyla "Yüzünün bu kadar güleç oluşunun tek nedeninin, kaybetmekten dolayı yaşadığın hazdan mı kaynaklandığını söylüyorsun bana?" dedim ve o parıldayan gözlerinin içine odaklanarak cevap vermesini bekledim.

"Kesinlikle" dedi. Tam sözlerine devam edeceği sırada Bilge Varlık araya girerek "Mucizeler Okulu'nda yaşama her gün yeniden gözlerini açarsın ve tamamen yeni bir doğuştur bu. Her gün yeniden doğarsın yeni günle birlikte; tıpkı güneşin her gün yeniden doğması gibi. Senin dünyanda da aynı şeyler olmaktadır, ama bunun farkında değilsiniz, işte o yüzden bayatsınız!

Burada gördüklerin ve duydukların sana çok saçma gelebilir, çünkü onlar hep çocuk kalırlar ve siz çocukların yaptıklarını saçma bulursunuz! Oysa onlar kendi yüreklerinin sesini dinler ve kendi kurallarıyla yaşarlar, tek yaptıkları budur. O yüzden yaşamla birlikte akarlar ve o yüzden kaybedilme duygusu kendilerini ziyaret ettiğinde sizler gibi yaşama takılı kalmazlar. Buradaki herkes yaşamla bütündür. Az önce sana söz ettiğim gibi yaşam onlar için hem yapıcı hem de yıkıcıdır ve bu kabullenme yaşamın yıkıcı yönüne odaklı kalmaları yerine onunla adeta dans etmelerini sağlar" dedi.

Kaybetmenin mutluluğunu yaşayan varlık, Bilge Varlık'ın bu son cümlesinin ardından "Buradakiler için kaybetmek sizlerin bildiği sözlük anlamını taşımıyor" diyerek söze girdi ve sonrasında yeni bir yaşam biçimini bana anlatırcasına sözlerine devam etti:

"Çünkü burada sözcüklere kendi anlamlarımızı veriyoruz. Burada her duygunun orijinalliğinde saf sevgi ve enerji olduğunun bilincindeyiz. O yüzden duyguyu reddetmek yerine onun içine girerek enerjisiyle bütünleşiyoruz. Bu bilinç, sizlerin zihinsel bilinç olarak bildiğinden farklıdır, bu sevgi bilincidir ve biz her olaya sevgi bilinciyle yaklaşıyoruz.

Duygunun içindeki saflığı ancak derinlemesine baktığında görebilirsin, eğer ona yüzeysel bakarsan sadece görünen kısmına odaklanmış olursun ve bu da onun tüm güzelliğini kaçırman demektir."

Onun bu sözlerinin ardından Kahraman Varlık'a "Peki, daha öncesinde, yani kaybetmenin hazzını yaşamadan önce de bu şekilde mi düşünüyordun?" diye sorduğumda, net bir şekilde "Elbette bu şekilde değildi" dedi ve devam etti:

"Mucizeler Okulu'nda sadece farkındalık kazanırsın ve burada yeni bir yaşam vardır. Bildiğinden farklı bir yaşam ve burada yaşama karşı farklı bakış açıları oluşturabilirsin. Fakat insanlığın yüzde doksan beşi gibi büyük bir kitle bu yeni yaşama karşı olacaktır, çünkü onlar değişimden korkarlar. Sen burada olduğuna göre kalan yüzde beşlik özel insanlara dahil olmalısın.

Bugüne kadar kendi bildiklerinle mutsuz olduğun için buradasın zaten ve burada bildiğin her şeyi geride bırakma cesaretini göstermen gerekecektir; işte o zaman yaşama benim baktığım yerden sen de bakabileceksin!.."

Merakım gittikçe artmaya başlamıştı. "Bir insan nasıl olur da kaybetmenin hazzını yaşarken gözlerinden bu kadar ışık saçabilir?" diye düşünüyordum. Kahraman Varlık'a, bu farkındalığı kazanmak için ne yapmam gerektiğini sorduğumda, "Öncelikle şimdiye kadar sana öğretilen her şeyi zihninden çıkararak sana anlatacaklarıma odaklanmanı istiyorum. Çünkü elinde kirli suyla dolu bir bardak varken üzerine taze bir su doldurmanın anlamı yoktur. Önce bardağındaki suyu tamamen boşaltman gerekiyor. Eğer bu ayrıntıları kabul edersen, sana çok kısa bir hikâyemi anlatabilirim" dedi ve cevap vermemi beklemek için sustu.

Sanırım değişim zamanım gelmiş hatta geçiyordu. Yeni öğretiler eğer yaşamıma olumlu anlamlar katacaksa, Kahraman Varlık'ın anlatacaklarını bundan sonraki tek gerçeğim olarak kabul edebilirdim.

Bugüne kadar çevremden edindiğim öğretiler zamanla kendi gerçeğimi oluşturmuşlardı ve ben mutsuzdum. Beni mutsuz edecek hiçbir şeyin zihnimde yer almasını istemiyordum artık.

Kahraman Varlık'a onun bu kısa hikâyesini dinlemek ve artık kendi kurallarımla yaşama sarılmak istediğimi belirttiğimde, gözlerindeki o muazzam ışıkla gözbebeklerime odaklanarak oradan içeri daldığını ve ruhumu ısıttığını hissettim.

Kahraman Varlık "Mucizeler Okulu'na hoş geldin" diyerek yüreğime kocaman bir merhaba bıraktıktan sonra sözlerine devam etti:

"Benim için çok önemli bir yarışmaya katılmıştım. Kendimi son derece motive olmuş hissettiğim bir dönemdi. Heyecanım yüksek, beklentilerim ise büyüktü. Kendime o kadar çok güveniyor ve inanıyordum ki, katılmış olduğum Dünya Güzellik Yarışması'nda birinci olacağıma ilişkin hiçbir kuşkum olmadan hazırlıklarımızı grup olarak sürdürüyorduk.

Her şey yolunda gidiyordu. Beynimin içinde sürekli, yüzlerce kişi arasından son yirmiye kalmış olmanın verdiği muhteşem enerjinin sinyallerini hissediyordum. Gruptaki arkadaşlarıma baktığımda onların arasından rahatlıkla sıyrılabilecek bir izlenim uyanıyordu içimde. Bu onları küçük görmek değildi kesinlikle, sadece kendimi onların yanında daha kusursuz buluyordum.

Yarışma gününe çok az kalmıştı ve hazırlıkları yoğun bir şekilde sürdürüyorduk. Oldukça hızlı geçen bir tempo içinde koreografi finallerinin de sonuna gelmiştik. Artık bundan sonrası için geriye sadece podyumda iyi bir performans sergileyerek jüri karşısında etkili olmak ve ardından mutlu sona ulaşmak kalıyordu.

İçimde büyük bir inanç vardı başaracağıma ilişkin...

Ve beklenen gün geldi...

Artık hayallerimi kucaklamak için sadece birkaç saat kalmıştı. Tek düşüncem birinci olmak ve dünya güzeli seçilmekti. Hatta ilerisi için kendime uzun vadeli planlar da belirlemiştim. Bu duygular içinde podyuma çıktım. Etraftaki insanların gözlerindeki ifadeler heyecan, dikkat ve merak doluydu. Jüri ise oldukça sakin bir bekleyişte, zaman zaman notlar alarak bizi izliyordu.

Zaman nedense anlamını yitirmişçesine akıp gitmişti ve beklediğim mutlu sona sadece dakikalar kalmıştı. Jüri kararını vermiş ve yarışmayı sunan arkadaşlar bu karar sonucunda hayallerine kavuşacak olan mankeni büyük bir heyecan içinde açıklamaya hazırdılar.

Çeşitli dallarda güzeller seçildikten sonra sıra ilk üç güzelin açıklanmasına gelmişti ve bu ilk üçün arasında ben de yerimi almıştım. Artık iyice kazandığımı hissetmeye başlamıştım. Şimdi mutlu sona sadece saniyeler vardı.

Üçüncü olan arkadaş açıklandığında, ilk ikiye kalmış olmanın verdiği eşsiz sevinç duygusunu iliklerime kadar hissediyordum.

Artık birinci olmanın vermiş olduğu hazzı yaşamanın tadına varacaktım. Helecanlı bir bekleyiş ve kısa bir sessizliğin ardından birincinin adı okunduğunda gözyaşlarıma hâkim olamamıştım!

Ama bu gözyaşları ne yazık ki sevinç değil, büyük bir duygu yıkımının ardından gözlerimden süzülen kaybedişin izleriydi.

İkinci olmuştum, ama bunun hazzını yaşamak yerine kendimi üzmeyi seçiyordum ki kulağımın dibinde haykıran garip bir sesle sarsılmaya başladım. Ses oldukça sert bir şekilde 'Ağlamayı kes ve arkadaşının mutluluğu için sevin!' diyerek, enkaz gibi çöküşümün üzerine yeni bir sarsıntı dalgası yaratmıştı.

Ona kim olduğunu bile soramadan sözlerine bir lider havasında devam etmişti:

'Önemli olan yaşamın sana sundukları değil, senin ona yüklediğin anlamlardır. Yaşam yolculuğunda sadece kendin için kazanmaktan öte, bu senin küçük adımlarla yavaşlamanı sağlayacak olsa da, seninle birlikte diğerlerinin de kazanabilmesine sevinmektir. Bunu duyumsadığında beklenti ölür ve o zaman yaşamı sevgiyle kucaklayabilirsin. Dikkat et, bütün sorunlar senin arzuladıkların ile yaşamda karşına çıkan olaylar arasındaki fark yüzünden ortaya çıkarlar, olanları izlersen bunu çok net görebilirsin.

Herkes senin gibi birinci olmayı arzuladı, oysa bir kişi birinci oldu. Farklı olmak istiyorsan yaşama farklı anlamlar katacaksın! Varoluşun büyük bir çoğunluğu senin gibi düşündüğü için dünyalarını cehennemden farksız kılıyor.

Bu, senin için yaşam yolunda girmiş olduğun büyük bir sınavdı ve her sınav sonucunda sonuç ne olursa olsun insanlar olgunluğa erişir. Yürekleri büyür ve genişler. Bundan sonra da birçok sınavla karşılaşacaksın, sana sunulanın ötesine baktığında ve derinlere indiğinde başına ne gelirse gelsin o olayın güzelliğini keşfedeceksin.

Tek değer sevgidir, var olan tek gerçek budur. Tanrı da sevginin kendisidir! Ve her ne olursa olsun karşına çıkan her duygunun içinde mutlak sevgi vardır. Ün, şan, şöhret, para, güzellik gerçek değerler değildir. Sen ancak sevgiyle bütünleştiğinde her şey anlam kazanır. Sen kendine olan sevginden yoksunsan, bu değerlere sahip olsan da bir anlamı olmayacaktır. Çünkü onlar sevgisiz, boş bir dolaba benzer. İçinde işe yarar hiçbir şey yoktur. O sadece görüntü olarak kalacaktır!'

Beni yüreklendiren bu sözlerinden sonra o an kaybetmenin hazzına erişmiştim. Artık gözlerimdeki yaşların yerini büyük bir ışıltı almıştı. Ve o an her konuda iyi olamayacağımın farkındalığını kazanmıştım. Birinci olan arkadaş benden daha iyiydi ve kazanmıştı. Bu kadar, ötesi olamazdı ve olanla mutlu olmanın farkına varmıştım. Sadece sahip olduklarımı anımsamam gerektiğinin yeterli olduğunu anlamıştım...

Yaşamın sadece bir oyun ve bu oyunda yapmam gerekenin sadece kendimi tekrar bulmak olduğunun farkına vardım

Bu zorlu sınavın öncesini düşündüğümde ben kazanmıştım. Kendi adıma çok önemli bir şeydi bu... Oraya kadar gitmek bile yeterlilik hissetmemi sağlıyordu. Kendime güvenim daha da artmıştı bu farkındalıkla...

Kesinlikle gerçek başarı buydu; geçmişe pişmanlık duymadan, geleceği kaygısızca kucaklayabilmek..."

Kahraman Varlık bu son cümlesinin ardından ışık saçan gözlerini tekrar üzerime doğru çevirdi. Onun bakışlarındaki bu enerjiyi ruhumun en derin noktasında bile hissediyordum. Ruhumu ısıtan bu enerjinin vermiş olduğu güçle hemen söze girerek anlam veremediğim bir şekilde, "O an duymuş olduğunuz sert ses..." dedim ve biraz duraksadım. Sözlerimin devamını getiremiyordum. Çünkü bu ses Bilge Varlık'ın sesinden başka bir şeyi düşündürmemişti bana...

İçimden, "O an kulaklarında çınlarcasına yayılan ses Bilge Varlık'ın sesi olmalı" diye iç geçirdikten sonra başımı, neler olduğunu anlamak için yanımda duran Bilge Varlık'a doğru çevirdim. Gözlerimi onun gözlerinin içine dikerek bir açıklama getirmesini bekledim.

Ben Bilge Varlık'tan bir cevap beklerken o sadece sessizliğini koruyordu. Ama bana bir açıklama yapmak zorundaydı. Kendimi sorgulamaya başlamıştım bile. Acaba başka Bilge Varlıklar da mı vardı? Yoksa ben mi yanılıyordum?.. Ama bu ses, yoo bu ses kesinlikle ona aitti. Ancak o bu kadar net ve kendinden emin bir şekilde konuşabilirdi...

Beynimi kemiren soru işaretlerine bir cevap bulmaya çalıştığım sırada Bilge Varlık kısa süren sessizliğine "Sadece olanları anlamaya çalış. Önemli olan kimin nerede ve ne söylediği değildir, onun sana kattığı farkındalıktır" diyerek sustu. Beklediğim bir açıklama değildi bu; fakat Bilge Varlık'ın bu sözlerinin üzerine konuşacak fazla bir şey de yoktu.

Başım öne eğik bir durumda öylece bekliyordum, neyi beklediğimi bilmeden... Bir ara göz ucuyla Bilge Varlık'ı süzdüğümde bana gülümsediğini fark ettim. Dalgınlığın etkisiyle kendinden geçmiş gözlerimi ovuşturduktan sonra, babasından yüz bulmuş bir çocuğun heyecanlı ses tonlamasıyla işaretparmağımı kaldırdım. "Ya diğerleri" diyerek, arkada sessizce bekleyen üç Kahraman Varlık'ı işaret ettim.

"Onlar" dedi Bilge Varlık, "onlar da kendi kurallarıyla yaşamaya başladılar. Yaşamın sunularına farklı anlamlar kattılar."

Sonrasında bir göz ucu hareketiyle diğer varlıkların yanımıza gelmesini sağladı. Hiç düşünmeden Kahraman Varlıklar'a "Siz de kısa öğretilerinizi mi anlatacaksınız?" diye sorduğumda, Bilge Varlık araya girerek "Hayır" dercesine başını iki yana salladı. Ardından tuhaf bir şekilde, "Onlar sana hiçbir şey anlatmayacaklar, artık buna gerek yok; çünkü sen bir kez anlatılanı anlayacak kapasiteye sahipsin. Bütün olaylar bir Selanik örgüsü gibi birbirine zincirleme bağlıdır. Yüksek bir farkındalığa ulaştığını görüyorum, bu kadarı kâfidir" dedi ve "Fakat yine de onları tanımak istersen en azından adlarını sorabilirsin" diye ekledi.

Hiç beklemeden varlıklara adlarını sorduğumda sırasıyla kendilerini bana tanıttılar:

"Ben reddedilmenin hazzını yaşadım, o yüzden, cesaretim."

"Ben terk edilmenin hazzını yaşadım, o yüzden, huzurum."

"Ben küçük düşürülmenin hazzını yaşadım, o yüzden, güçlüyüm."

Ben ise onlara karşılık olarak verecek bir ad bulamıyordum, çünkü ne olduğumu bile bilmiyordum, sahi kimdim ben? Toplumun bana biçtiği rolün gerektirdiği bir kimlikten mi ibaretim? Her duygu durumunda farklı olarak yüzüme takacağım maskelerden mi oluşuyorum?

Tüm bu sorulardan bir anda sıyrılarak tekrar bu varlıkların durumunu düşündüm.

Yaşamında reddedilmiş, terk edilmiş ve başkalarının yanında küçük düşürülmüş insanlar depresyon gibi bir ruhsal hastalık içindeyken, bu insanlar garip bir şekilde bunlardan huzur duyuyorlardı.

Zihnimdeki birbirini kovalayan düşünceleri izlediğim sırada "Çok az kaldı" dedi Bilge Varlık, "kim ve ne olduğunu öğreneceksin. Küçük düşürülmüş, reddedilmiş ve terk edilmiş insanlar kendilerini bir sürünün içinde hissettikleri ve toplumun sözcüklere kattıkları anlamları benimsedikleri için çökkünlük yaşıyorlar. Kahraman Varlıklar'ın en büyük özelliğini unutma; onlar, karşılarındaki duygu olumsuz da olsa onun derinliğindeki saf sevgi, enerji ve masumiyete odaklanarak huzurla buluşuyorlar.

Ve kendileri izin vermedikleri sürece huzuru kaybetmeyeceklerinin farkındalar."

Son cümlesinden sonra, "Şimdi bana cevap ver" dedi ve bulunduğumuz sınıfın içini gözlerinin ucuyla süzerek anlam veremediğim bir şekilde, "Burası neresi?" diye sordu.

İlk başta bu soruyla beni alaya aldığını düşünsem de, sonrasında Bilge Varlık'ın bu gibi konularda gayet ciddi olduğunu hatırlayarak, "Burası bir okul, Mucizeler Okulu" diye cevap verdim.

"Evet" dedi Bilge Varlık, sağ elini başımın üzerine koyarak, "burası bir okul, işte tam burası!" Ardından gözlerimin içine odaklanıp tebessüm etti. Neler olduğuna ilişkin zihnimde net bir fikir yoktu, ama farklı bir şeylerin daha farkındalığını kazanmak üzere olduğumu hissediyordum.

O sırada Bilge Varlık çok net bir ifadeyle, "Okul senin zihninden başka bir yer değildir. Burada gördüğün mekân ise zihninin yanılsamasından başka bir anlam taşımıyor. Unutma, dışarıdan öğrenebileceğin hiçbir şey yok! Sana ilk başlarda buranın bir sınıf olduğunu söyledim ve bu mekânın bir okul biçiminde zihninde betimlenmesine izin verdim. Çünkü mekân ve zamanın, zihninin büyük yanılsamalarından biri olduğunu tüm bu yaşadıklarından önce sana söyleseydim bundan kuşku duyacaktın" dedi.

Bilge Varlık bu sözlerinin ardından sert ve kararlı bir şekilde, "Okul sensin! O senin beyninde, her şey orada, yarattığın her şey beyninde! Ve egonun sahte öğretilerine kanmayı bıraktığında bilgeliğe de ulaşmış olacaksın" diye haykırdı. Onun bu haykırışı kulağımın içinde muazzam bir uğultuya dönüşmüştü.

Ve bu son sözcükleri az önce aklımdaki soruların yanına bir yenisinin daha eklenmesine yol açıyordu: "Egonun sahte öğretilerine kanmayı bıraktığımda..." Bu sözle ne demek istemişti?..

Bir anlam vermeye çalışsam da başarılı olamamıştım. En azından şimdilik...

Aslında okulun kendi içimde olduğunu çoğu zaman hissetmiştim, ancak buna emin olamıyordum. Bilge Varlık'ın da ifade ettiği gibi adeta koyun rolünü üstlenmiştim ve birileri dürtüklemeden kendi kendime hareket etmiyordum. Belki de bu bir alışkanlıktı, insanı kendinden uzak tutan zararlı bir alışkanlık...

Artık zihnimin içindeki tüm düşüncelere ortak olduğuna emin olduğum Bilge Varlık, tekrar duygularımın arasına sızarak "Evet, bu bir alışkanlık ve alışkanlıkların sana çoğu zaman büyük kayıplar verdirdi ve bu kayıplar sen izin verdiğin sürece devam edecektir. Onları var eden senin zihnindeki hatalı bir program sadece ve sen tüm olumsuz düşüncelerine neden olan bu hatalı programla çok kısa bir süre sonra tanışacaksın!" diye seslendi.

Bilge Varlık, sözlerinin burasında duraksayarak derin bir nefes aldıktan sonra, "Şimdi seninle son yolculuğumuza çıkacağız" dediğinde yeni bir maceranın sinyallerini alıyordum. Ve ardından, "Bu yolculuktan sonra yaşamın boyunca işine yaramayan bazı şeyleri fark edecek ve onları sonsuzluğa bırakacaksın" dedi. Onun bu son cümlesi, zihnimdeki soru işaretlerinin yanına bir yenisinin daha eklenmesine neden olmuştu.

Beynimin içindeki sorularla yeniden yürümeye başladık. Kısa bir süre sonra, etrafta bizden başka hiçbir varlığın yaşama belirtisi göstermediği bir yere geldik. Burada ne bir ev vardı, ne insanlar, ne de bir doğa belirtisi...

Garip bir yerdi. İnsanın tüylerini ürpertircesine garip bir yer... "Burada ne işimiz var?" dercesine yüzüne baktım Bilge Varlık'ın. Hiçbir şey söylemeden devam etti yürümeye.

Birkaç dakika sonra bir caminin avlusuna vardık. Bu camiyi tanımıştım. Bu bizim semtimizdeki camiydi! Dikkatle etrafı bir kez daha gözden geçirdim. Ama değişen bir şey olmadı, ne bir ev vardı etrafta, ne de bir canlı!

Şaşkın ve ürkek duyguların hâkim olduğu bir ses tonlamasıyla Bilge Varlık'a "Buraya neden geldik? Nerede bunca insan? Sadece boş bir arazi var koca semtte, kalan tek yapı ise cami, ya diğerleri, onlar nerede?" diye sorularımı sıraladığımda, "Ben öyle görmeni istedim" diyerek şaşkınlığımın iyice yükselmesine neden olan bir cevap verdi ve sağ elinin başparmağıyla caminin avlusunda duran musalla taşını işaret ederek, "İşte" dedi, "bugüne kadar bütün çabaların yarına kalabilmek içindi ve burası senin yaşama ait bütün planlarının ve düşüncelerinin son bulduğu yer."

Neler olduğunu anlamak bile istemiyordum! Damarlarım adeta görevini yitirmiş, kalbim sanki artık kan pompalamıyordu. Donuk durumdaydım... Tam kanımın pıhtılaştığını hissediyordum ki, Bilge Varlık, "Korkmana gerek yok!" diye çıkıştı. Sonrasında, "Ölümü acıyla bağdaştırdığın için ondan korkuyorsun. Ölüm senin yarına kalma hevesini yok ediyor. Düşüncelerini değiştir ve ölüme acı yerine cennetin güzelliklerini ekle! Bu seni korkularından da arındıracaktır! Üstelik ölüm sadece düşüncelerin sonudur, o ruhun sonu değildir tam aksine o sonsuz bir yaşama kucak açmaktır" dediğinde sıkışan kalbime de sanki yeniden yaşama sevinci veriyordu.

Bilge Varlık sözlerine soğukkanlılıkla devam ettiğinde, onu dinlemekten başka bir seçeneğimin olmadığının farkındaydım.

"Ne yaparsan yap, nerede olursan ol bir gün burada bulunacaksın. Bu musalla taşının üzerinde!"

Bunları düşünmek istemediğimi söylediğimde bana gülmeye başladı ve sözünü sürdürdü:

"Buradaki yaşamdan ayrılma kaygısı bütün hücrelerini kemiriyor. Aklında kaygılar dolaşırken kanının her zerresi yavaş yavaş zehirleniyor. Sonra sen kendini çaresiz hissediyorsun. Nerede olursan ol, bir gün bu musalla taşındaki yerini alacaksın! Topraktan kaçısın yok!

Yaşamındaki acıların, kaygıların ve korkuların asıl nedeni, bir gün burada bulunacağını kabullenmemek!

Unutma, acıları kabullendiğinde ve onun derinliğine indiğinde mucizeye tanık olacaksın. Yaradan'ın sana gönderdiği her duyguda bir mucize vardır, bir güzellik vardır, O asla içinde sevgi ve güzellik olmayan bir şeyi sana göndermez. Ve bunu anladığında önünde ölüm de olsa sen ötesindeki sonsuz yaşamı hissedeceksin!

Ve bir gün bu musalla taşında uzanacağın anın geleceğini kabullenmelisin. Bazı gerçekler acı gelir insana, ama kabullendiğinde acı yerini büyük bir sükûnete bırakacaktır."

Bilge Varlık bu sözlerinden sonra gözlerini irileştirip dikkatlice beni süzdü ve ardından kendine ait bir özlü sözü paylaşırcasına şöyle dedi:

"*Aklında yarına kalabilme düşüncesi varken, huzurlu bir yaşamla bütünleşemezsin; çünkü gerçek yaşamı, nefes aldığın bu anı hep ıskalamış olacaksın!*"

Başımı öne eğmiş onun bu sözünün kulağımın içinden girerek yüreğime doğru akışını hissediyordum. Sonrasında boş bakışlarımı yerden kaldırarak Bilge Varlık'a çevirdiğimde, gözleriyle musalla taşını işaret ettiğini fark ettim.

Hiç vakit kaybetmeden "Şimdi gözlerini kapat ve düşle" dedi. "Kendi semtimdesin ve sana her zaman çok yakın olan, bugüne kadar önünden geçtiğinde bir gün üzerinde yatabileceğini düşünmediğin bu musalla taşında uzandığını zihninde resmet!"

Tam bu sırada Bilge Varlık'ın sözlerinin arasına girerek "Cennet" dedim, "cennete kavuşmak için ne yapmam gerektiğini söyle. Yoksa bazı şeyleri yapmak için geç mi kaldım?"

"Hayır" dedi, "tam aksine, büyük uyanışını gerçekleştireceksin ve bu senin kendi kendileğine kavuşmanı sağlayacak."

Sonrasında bilge dostum yaşamım boyunca hayal ettiğim, cennete nasıl kavuşacağımın sırrını sanki eğilerek kulağıma fısıldadı:

"Yüreğinde hissettiğin sana hep en yakındır ve Yaradan'ı kendi yüreğinde hissedebiliyorsan, O'nun ruhunun bir kısmını kendi ruhunda taşıdığını duyumsayabiliyorsan zaten cennettesin demektir!"

O an yüreğimde bir gülümseme oldu ve bu gözlerime ışık olarak yansıdı. Ancak Bilge Varlık'ın son cümlesi yeniden kendimi suçlamama neden oluyordu:

"Eğer bugüne kadar yüreğine dokunabilseydin, cennetin nerede olduğunu bu kadar merak etmeyecektin!"

Bir anda annem, babam, eşim, çocuklarım, kardeşlerim, tanıdığım birçok insan etrafımda belirdi. Neler olduğuna anlam veremiyordum. Korkudan her yerim titriyordu. Anneme seslendim, fakat beni duymadı. Sonra eşime, kardeşlerime... Fakat kimse beni duymuyordu. Aman Allahım, neler oluyordu?

Musalla taşından kalkarak onlara sarılmak istedim, ama hareket bile edemiyordum. Hemen hemen herkes "Daha çok erken, çok erkendi" diyerek ağlamaktaydı. Küçük kızım yanıma yaklaştı, "Babacığım" dedi ağlamaklı bir ses tonuyla, "babacığım bizi bırakıp nereye gidiyorsun? Artık bir daha ellerimden tutmayacak mısın baba?"

Yavruma cevap veremiyordum, sadece yutkunabildim. Elimi uzattım ve küçücük ellerini tutmak istedim, ama ona dokunamıyordum!

O arada Bilge Varlık'ın sesi yükseldi:

"Sen artık bir ölüsün. Sen bir ölüsün. Ölüsün sen... Hareket edemiyor ve konuşamıyorsun, sadece görebiliyor ve iç geçiriyorsun."

Ardından sanki bir idam mahkûmuna son dileğini yerine

getirilmesi için dileğini sorarcasına, "Eğer yaşamak için bir şansın daha olsaydı...

Neler düşünür ve neler yapardın?

Neler söylerdin?

Kimi bağışlamak isterdin ve kimden özür dilerdin?" diye ekledi.

Yıllardır bir gurur uğruna görmediğim annemin ve babamın yanına gider, onların ayaklarına kapanırdım! Ellerini öperdim doyasıya. Gözyaşlarını silerdim, uğruma dökülen sevinç gözyaşlarını... Onların saatlerce nur yüzüne bakardım. İzlemeye doyamadığım melek yüzlerine... Daha önce kalbime taş bastığım için göremediğim melek yüzlerinden gözlerimi ayırmazdım hiç bıkmadan...

Sonra kızımı sevgiyle kucaklardım. Geçen gün bana 'Babacığım ne zaman beni parka oynamaya götüreceksin?' dediğinde, ona 'Çok yorgunum, daha sonra' diyerek geri çevirdiğim ve gözlerinden birkaç damla yaş akmasına neden olduğum canım yavrumun yanından bir an olsun ayrılmazdım.

Saatlerce bıkmadan, usanmadan, kızmadan büyük bir heyecanla oynardım onunla... Televizyonda ilgimi çeken film de oynasa, haber programları da başlasa, beni kızımla oynamaktan hiçbir şey alıkoyamazdı. O minicik bedenindeki kocaman yüreğine dokunmak isterdim.

Bazı günler yorgun olduğunda bana masumca, 'Bugün çok yoruldum, akşam yemeğe dışarıya çıkalım mı?' diye soran canım eşimi, kendi yorgunluğumu bahane ederek reddetmez, onun boynuna sarılıp, 'Sen ne istersen onu yapalım bir tanem' diyerek yüreğine dokunurdum.

Yıllardır düşlediğim, ama bir türlü fırsat ayıramadığım tatile çıkma fikrimi gerçekleştirirdim.

Kendime her defasında çok kısa da olsa zaman ayırır ve neye ihtiyacım olduğunu sorardım, kendimi kucaklardım... İnsanları mutlu etmek için uğraşmazdım. Verici olmanın hazzını yaşardım. Bir gül gibi açardım yaşama ve etrafa saçtığım koku yeterli olurdu benim için...

Gerçek kimliğimi kimseden saklamazdım; çünkü bu beni aşırı yoruyordu, maskemi çıkarır ve rahatlardım kendim olmanın dayanılmaz hafifliğiyle.

Mükemmele ulaşamama korkusu yerine bulunduğum anı yaşayarak, bugüne bir şekilde gelebildiğim için önce Yaradan'a, sonra da yüreğime teşekkür ederdim!

Ve son olarak bu dünyadan götüreceğim hiçbir şey olmadığının farkına vararak her şeye sahip olma düşüncesini bırakırdım."

Bilge Varlık bu sözlerimin sonra yüzündeki tebessümle başını beni onaylarcasına hafifçe salladı. Sıcak bakışlarının ardından "Sahiplenme fikri şeytanın bir oyunudur. Hiçbir şeye sahip olmana gerek yok, sen zaten varoluşun kendisisin. Ve güçlü olmak istiyorsan önce güçsüz olduğunu kabullenmen gerekir" diyerek sözlerini sürdürdü.

"Önce kendini, sonra da dünyayı bağışlayarak istediklerine kavuşabilirsin, ama zihnindeki programın buna engel oluyor. Birazdan senin yanından ayrılacağım, fakat gitmeden son olarak sana, sendeki tüm sorunların temelini göstereceğim."

Bu sözlerinin ardından Bilge Varlık ani bir el çırpışıyla sanki derin bir kâbustan beni uyandırarak, dikkatimin onun üzerinde toplanmasını sağladıktan sonra devam etti:

"Egon dünyayı zor bir yer olarak algılamana neden oluyor ve sen, acıları yaşamına çekerek yaşamda var olduğunu, canlılığını hissediyorsun. İşte, bu durum zihnindeki bağışlama üzerine kurulmuş olan programını yok sayıyor. Aslında zor olan dünya değil, zoru sen var ettin. Düşüncelerinle olur olmaz programlar yarattın ve bir enkaza dönüşmeye başladın!

Ve sakın bana bazı insanların yaşamını zora soktuğunu söyleme, çünkü o insanları yaşamına dahil eden sensin. Buna senden başkası izin vermedi! Sen zoru var ettiğine göre, onu kolay olarak zihninde tanımlayabilirsin.

Yalnız dikkat et, bunları yaparken zihnindeki program, yani ego sana engel olacaktır. Çünkü o, yarına kalabilmen için sana korku, acı, kin ve nefret duyguları yaşatıyor.

O seni devamlı olarak dışarıdaki insanları suçlamaya itiyor ve böylece kendisine odaklanmana ve farkına vararak onu fark ederek yok etmene engel oluyor. Olaylara hep yüzeysel bakman ve gerçekleri kaçırmanın tek nedeni bu! Ego seni kullanıyor ve sen bunun farkında bile değilsin! Ve bu durumu artık bir sorun olarak görmüyorum, asıl sorun bu durumu kabullenmemen olacaktı...

Şimdi tek yapman gereken, egonun yazmış olduğu o hatalı zihinsel programı silmek ve önce kendini, sonra da tüm dışladıklarını bağışlamaktır. Ancak bağışladığında enerjin dışarıya doğru akmayı bırakarak kendi içinde bütünlük sağlayacaktır.

Unutma, ego senin kendinle kucaklaşmana ve varlığının özü olan sevgiyi fark etmene engel oluyor. O huzurun önündeki kara bir bulut ve egonun tüm bunları sana yaşatmasının nedeni yarına kalmak adına kendine güvence aramasıdır; çünkü o ölümden korkuyor ve sen bunun farkındasın artık!

Dünya olarak algıladığın şey zaten senin zihninin içinde ve sen varsan yaşam vardır, dünya vardır, sen yoksan bir dünya da yoktur.

Şimdi içinde tutsak ettiğin olumsuzlukları bırak gitsin. Onlar sana ait değiller. Ve o olumsuzluklar evrene, ait oldukları sonsuzluğa kavuşmak için sabırsızlıkla bekliyorlar.

Bugüne kadar onları beslediğin için peşinden ayrılmadılar, beslediğin her neyse senin peşinden ayrılmayacaktır, bunu izle! Onlar senin tutsağın, sen onların tutsağı değilsin. Ve şimdi tutsaklarına sevgiyle yol ver gitsin!

Kendine verebileceğin en büyük armağan huzurlu bir zihindir. Zihnindeki kin ve nefreti hapsetmiş durumdaydın, şimdi hapishanenin anahtarlarının kendi ellerinde olduğunun farkındasın. Onları serbest bırak!

Ve şimdi de yüreğine bak! Çünkü zihnindeki kin ve nefretin anahtarı yüreğindeki bağışlamadır. Ve sen dünyayı bağışladıktan sonra egonu bitireceksin. Onu bitirmek derken asla bir savaştan ya da tepkiden söz etmiyorum. Onu sevgi bilinciyle eriteceksin. O zaman dışarıyı bırakıp kendine dönmüş olacaksın ve sana doğru büyük bir enerji akışı başlayacak.

Sen aydınlanmış olarak doğdun, sonra toplum seni kararttı! Ego koca bir kara buluttur ve o kalktığında altındaki sonsuz enerji açığa çıkacaktır. İşte o zaman büyük uyanışını gerçekleştirecek ve benim 'sen' olduğumu anlayacaksın!

Unutma, dışarıdan öğrenebileceğin hiçbir şey yok! Bilge Varlık bugüne kadar senin içinde gizlenmişti ve sen şimdi onu gizleyen egoyu sevgiyle eriterek mucizenle kucaklaşmanın hazzını yaşayacaksın...

Ve senin bütün sınırlamaların, bütün huzursuzlukların, bütün öfke, kızgınlık ve mutsuzluğun kendi zihninden gelmektedir, dışarıdan sana gelen hiçbir şey yoktur!

Mucize sendin!"

Bilge Varlık, aldığım her solukta sonsuz bir enerjiyi tüm varlığımda hissedebileceğim bu son cümlesinin ardından, büyük bir sessizlik ve sisler arasında kayboldu.

Onunla ilk karşılaştığımızda bana, "Artık kendi dünyandasın" derken, aslında kendimle yüzleşeceğimi anlamamıştım, şimdi ise varlığımı kucaklarken huzuru da hissediyordum. Ben huzurun kendisiydim ve ben sevgiydim. Aşk benim özümdü...

Şimdi tüm bunları çok net görebiliyorum...

Kesinlikle bu benim dünyamdı ve dünyamın merkezi bendim.

Onun da dediği gibi tüm duygular evrene aitti ve bize yansımaları bir konaklamadan öte değildi... Zihnimde beslediğim ve engeller oluşturan tüm gereksiz öğreti ve duyguları tutsaklıktan kurtarmaya karar verdim. Bu farkındalık bana, yaşamımı kendi kendime zindana çevirdiğimi çok net gösteriyordu.

Ve onun "Dünya senin için bazen bir hapishane olabilir, fakat seni özgürlükle buluşturacak kapının anahtarları her zaman yüreğindedir" özlü söz havasındaki deyişiyle, yüreğimdeki anahtarı keşfederek beni tutsak kılan her şeyi ait olduğu evrene geri gönderdim.

Bilge Varlık'a okul konusunda ilk başlarda katılmasam da, sonrasında üniversite döneminde gördüğüm zorunlu kılınan, çoğu zaman gereksiz saydığım ve ilgimi çekmeyen derslerin, sırtımda nasıl bir yük oluşturduğunun bilincine varmıştım.

Onun da dediği gibi, tüm bu gereksiz şeyler zihnimde hamallığını yaptığım yükten öte bir şey değildi.

Bilge Varlık o gün konuşmamız sırasında, korku, nefret, olumsuzluk ve kin gibi duyguların, varlığındaki sevgiyi hissetmeyen insanların sıkıntılar karşısında tutundukları bir dal olduğunu söylemişti. Sürüden ayrılma zamanı gelmişti kesinlikle...

Ve sürüden ayrılmaya karar verdim...

Artık yüzleşmem tamamlanmıştı ve baktığım her yerde bir mucize görmeye başlamıştım!..

Bildiğin "sen"in ötesine bak! Düşüncelerinin ötesine...
Sınırlarını aş! Orada bir mucize var. Seni bekleyen bir mucize...
O zaten senin içindeydi ve kucaklaman için hâlâ seni bekliyor...
Hadi artık git ve onu kucakla!

Uğur Koşar
www.ugurkosar.com

Allah her şeyden haberdardır, sanmayın ki size yapılan haksızlığa kayıtsız kalıyor. O, size bir annenin evladına yaklaştığı merhametten daha fazla merhamet duyandır. Duanın karşılığını takip etmeden "Allah de ötesini bırak". Kul Rabb'ini imtihan etmez. O'na tevekkülle yaklaştığında rahmetini tüm hücrelerinde hissedeceksin.

Karşında o kadar çok maskeli insan var ki onları tanımak için yoruluyorsun. Şayet dikkat edersen güzel olan bir şey var; o senin hakkını aldıkça, sen onun sevaplarından kazanıyorsun. O halde kaybettim diye üzülme, biraz daha derin bakarsan, aslında kazandığını fark edeceksin!..

Aşık olcaksın evet ama kalbini Allah aşkıyla yakacaksın...

Dünyanın geçici olduğunu, biteceğini İDRAK edeceksin; sadece sonsuz kudrete bağlanacaksın.

ALLAH'A bağlı yaşayacaksın. İşte Uğur Koşar bu kitap da sana herkes gibi Allah'ı anlatmıyor O'nu adeta hissettirip yaşatıyor!..

Psikolog Cavidan Ebru Kızıl

Yirmi yıldır terapi deneyimlerimde elde ettiğim sonuçlardan biri şudur ki; eksik olan parçaları yitirdiğini düşünen ve bunları arayarak çıkmazlara giren ve bunun da dışarıda olduğunu sanan çok büyük bir çoğunluk çeşitli psikolojik sorunlarla ruh sağlıklarını bozmuştur. Bu büyük çoğunluğa eserlerinde ve görüşlerinde öze dönüş yolunda katkı sağlayan, aradıklarını bulabilme cesareti ve ışığı olan Uğur Koşar Dostuma "ALLAH DE ÖTESİNİ BIRAK" ile özlerine dönebilmesi adına ışık olan eserinden dolayı en içten teşekkürlerimi sunuyorum...

Uzm. Psikolog Abdullah Topal

"Hayatın monoton geçtiğinden şikâyet ediyorsun, onu donuk
hale getiren yalnızca sensin, senin dünyanda,
senin duygularını kim renksiz kılabilir?
Ve senin her şeyi bırakıp aynanın karşısına geçmeni isterim.
Ellerinle yüzüne, gözlerine, burnuna, kulaklarına dokun,
onları hissederek dokun ve işte Yaradan'ın izlerini görüyorsun!
Dokunduğun yerler ne kadar ilahi, onlar ne kadar kutsallar!..
Sen kutsal bir bedenin içinde yaşayan ruhsun.
İlk adım bedenini sevmektir ve bedenini sevdikten sonra
ruhunu sevebileceksin ve son adım seni varlığına götürecektir.